ネイティブはこの「5単語」で会話する

晴山陽一

青春新書
INTELLIGENCE

はじめに

英語で最もパワフルな5単語

　もしも英語のネイティブ・スピーカーに、「最もパワーのある英単語を5つ選んでください」と聞いたら、どんな答えが返って来るだろう。多くの人の答えを合わせると、おそらく上位5単語は、次のような結果になると思う。それは、have, get, take, give, make の5動詞であると。

　もしも「6つ選んでください」と聞いたら、これに be が加わるだろうが、be は「概念の連結」を専門とする動詞なので、先ほどの5動詞とはだいぶ性格が違う。be にはパワフルという印象が薄いのである。

　さらに、「have, get, take, give, make の5つの動詞だけで1日を過ごすことができますか？」と聞いたとしよう。おそらく多くのネイティブ・スピーカーが、少し考えたのち、「多分できる！」と答えるのではないだろうか。

　have, get, take, give, make の5動詞は、それほどパワフルな単語たちなのだ。本書では、この5単語の持つ力を余す所なくお見せして、あなたの英語の表現能力を格段に高めていただこうと思う。

　あなたもぜひこの本を読んで、「たった5動詞だけで英会話ができる！」という事実を、身をもって体験していただきたい。

ネイティブは この「5単語」で会話する■contents

はじめに 英語で最もパワフルな5単語 3

INTRODUCTION なぜこの5単語なのか！ 9

PART 1
どんどん広がる have の世界 19

- have のつかまえ方 20
- have の「意味の見取り図」 21
- これが have の世界だ！ 22

①所有している、〜がある 26
②身体的特徴や性格として持っている 32
③〜がいる 34
④感情などを抱いている 37
⑤時間・予定などがある 41
⑥病気・痛みなどがある 43
⑦手に入れる、受け取る 46
⑧経験する、経験として持つ 52
⑨飲食する 57
⑩(人など)に〜をさせる、(人など)に〜してもらう 58
⑪〜をする、動作をする 63

◎ have 使いまくりの英会話①② 64
◎〈have a ＋名詞〉の華麗な世界 68

contents

PART 2
どんどん広がる **get** の世界　71

- get のつかまえ方　72
- get の「意味の見取り図」　73
- これが get の世界だ！　74

① 手に入れる、受け取る　78
② 取ってくる、連れてくる　82
③ 情報を得る、理解する　84
④ 感情・考えをキャッチする　87
⑤ 病気にかかる、うつされる　89
⑥ 持って行く、連れて行く　90
⑦ ある状態にする、ある状態になる　92
⑧ 到達する　98
⑨ 間に合う、乗る　100
⑩ (人など)に〜させる、(人など)に〜される　102

◎ get 使いまくりの英会話①②　106
◎〈get a ＋名詞〉の華麗な世界　110

PART 3
どんどん広がる take の世界 113

- take のつかまえ方 114
- take の「意味の見取り図」 115
- これが take の世界だ！ 116

① 取る、入れる 120
② 受け止める、理解する 128
③ 選ぶ、買う 134
④ 食べる、(薬など)を飲む 138
⑤ 時間などがかかる、必要とする 141
⑥ 連れて行く、持って行く 146
⑦ 乗る、使う 150
⑧ 行動をとる、〜する 152
⑨ (責任など)を引き受ける 153

◎ take 使いまくりの英会話①② 155
◎〈take a ＋名詞〉の華麗な世界 159

contents

PART 4
どんどん広がる give の世界 161

- give のつかまえ方 162
- give の「意味の見取り図」 163
- これが give の世界だ！ 164

①**与える、あげる** 166
②**手渡す、預ける** 168
③**時間を与える** 170
④**(人など)に行為を与える、動作をする** 172
⑤**〜をもたらす、(人)に考えを抱かせる** 177
⑥**情報を与える** 182
⑦**気持ち・心を伝える** 186
⑧**〜を催す** 187

◎ give 使いまくりの英会話①② 188
◎〈give a ＋名詞〉の華麗な世界 192

PART 5
どんどん広がる **make** の世界 195

- make のつかまえ方 196
- make の「意味の見取り図」 197
- これが make の世界だ! 198

① 作る 202
② ある状態や結果を引き起こす 205
③ (人・物など)を〜の状態にする 207
④ (人・物など)を〜された状態にする 210
⑤ (人など)に〜させる 211
⑥ 〜を得る 213
⑦ 解釈する、考える 217
⑧ 〜になる 218
⑨ 達する 222
⑩ 行動を起こす 225

◎ make 使いまくりの英会話①② 228
◎〈make a ＋名詞〉の華麗な世界 232

校正協力　山口晴代
編集協力　大嶋敦子
カバー写真　　(c)visual supple/amanaimages
かけ帯写真　　(c)Antenna/fStop/amanaimages
デザイン・DTP　ティープロセス

INTRODUCTION

なぜこの **5単語** なのか!

● 5動詞を使った基本会話

　初めに、本当に have, get, take, give, make の5動詞だけで会話ができるものなのか、実際の会話で確かめることにしよう。

A：I'll **give** you this apple pie I **made** last night.
　　（これ、ゆうべ作ったアップルパイなんですけど、どうぞ）
B：Oh！Thank you. Let's **take** a break.
　　（まあ！　ありがとうございます。じゃあ一休みしましょう）
A：Can I **get** you something？
　　（何かお入れしましょうか）
B：Yes. Can I **have** a cup of tea, please？
　　（ええ、紅茶を一杯いただけますか）

　しいて言えば、Thank you.の thank、Let's **take** a break.の let も動詞だが、それ以外は have, get, take, give, make の5動詞しか使わずに、立派に会話が成り立っている。ネイティブ・スピーカーが「5動詞だけで1日過ごせる！」と言ったとしても、あながち誇張ではないことが、この会話例からわかるだろう。

● 5動詞を使ったことわざ

　have, get, take, give, make の5動詞がどれくらい役に立つかを、別の角度から見てみよう。今度は、

INTRODUCTION　なぜこの5単語なのか！

私の好きな英語のことわざを5つご紹介したい。そのどれも、have, get, take, give, make の5動詞を使っている。

まずは、これらの簡単な単語がきわめて深遠な真実を表している様を観察していただきたい。

1．The longest night will **have** an end.
　　（いちばん長い夜でも必ず終わる時が来る）

2．Money would be **got** if there were money to **get** it with.
　　（お金は、それを得るためのお金があれば手に入る）

3．**Take** things as they are.
　　（物事はありのままに受け取れ）

4．Despair **gives** courage to a coward.
　　（絶望が臆病者に勇気を与える）

5．If you don't **make** mistakes, you don't **make** anything.
　　（ミスを犯さなければ、何事もできはしない）

2番目のことわざは get を2回、最後のことわざは make を2回使っている。もしも have, get, take, give, make を使ったことわざを集めてみよと

言われたら、いとも簡単に200や300のリストができると思う。この5動詞はどれも、きわめてシンプルだがすごい起爆力を秘めた言葉なのである。

もうひとつ、make を使った傑作なことわざをご紹介したい。

Love **makes** all men equal.
（恋はすべての人を平等にする）

私流に意訳すると、こうなる。
「恋をすると、部長も課長もなくなる！」

● 5動詞を使った名句

次にお見せするのは、私の好きな英語の名句だが、ここでも、have, get, take, give, make の5単語が大活躍している。

1. The more opinions you **have**, the less you see.（Wim Wenders）
    （持論を持てば持つほど、ものが見えなくなる）

2. Poetry is what **gets** lost in translation.（Robert Frost）
    （詩とは翻訳で失われる何かである）

3. God heals, and the doctor **takes** the fee.（Benjamin Franklin）

INTRODUCTION　なぜこの５単語なのか！

　（病を癒すのは神、料金をとるのは医者）

4．To hope is to **give** the lie to the future.（E. M. Cioran）
　（希望とは、未来に対してつくウソである）

5．Man was **made** at the end of the week's work, when God was tired.（Mark Twain）
　（人間とは、１週間の仕事が終わり、神様が疲れた時に作られた生き物）

　最後の句は人間は神の失敗作であることをユーモラスに語ったマーク・トウェインの名言である。
　今回も make を使った傑作な名句を、ひとつおまけしたい。少し長いが、いたって簡単な英語で書かれているのでご安心を。

Man is the only animal that eats when he is not hungry, drinks when he is not thirsty, and **makes** love at all seasons.
　（人間は空腹でなくても食べ、喉が渇いていなくても飲み、オールシーズンでセックスする動物である）

　この文でも make が〈make love〉というフレーズで熱演しているのが、おわかりいただけただろう。

13

● 5動詞を使った会話例

　ことわざや名句を例にお話ししてきたが、もちろん最初に見たように、have, get, take, give, make の5動詞は日常会話でも大活躍する。というか、日常会話こそ5動詞の独壇場だと言っていい。本書全体がその証明なのだが、ここに典型的な会話例をひとつお見せしておこう。今回に限り、日本語から先に見ていただくことにする。

　自動車事故にあったアメリカ人と、なぜか英語の話せる警官の電話での会話である。この会話では、5動詞以外の動詞も使っているが、5動詞がなかったら会話はとうてい成り立たないだろう。5動詞がどのように使われているか想像しながら、お読みいただきたい。

【日本語で】
A：もしもし、事故にあったのですが……。
B：お名前を教えてください。
A：名前はジョン・スミスです。
B：事故はどのように起きましたか。
A：私は明治通りを走っていました。青山通りに右折し始めたところ、後部にドンとぶつけられました。
A：相手の運転手の情報は聞きましたか。
B：もちろん聞いてあります。

INTRODUCTION　なぜこの5単語なのか！

　では、この短い会話を、今度は英語で見てみよう。

【英語で】
A：Hello, I was in an accident.
B：**Give** me your name.
A：My name is John Smith.
B：How did the accident **take** place？
A：I was on Meiji Street. I was beginning to **make** a right turn on Aoyama Street. A car bumped me in the back.
B：Did you **get** the other driver's information？
A：I do **have** it.

　5動詞の使われ方を、順に確認しておこう。

1．「お名前を教えてください」は、**Give** me your name. と give を使って、さりげなく表現されている。

2．「事故はどのように起きましたか」は〈**take place**〉というフレーズを使って表されている。

3．「右折する」は〈**make a right turn**〉というフレーズで表されている。

15

4．「相手の運転手の情報は聞きましたか」は、Did you get 〜と基本動詞 get を使って表されている。

5．最後の「もちろん聞いてあります」は、I do **have** it. と have の見せ場になっている。

この会話例をひとつ見ただけでも、5つの基本動詞の万能性がご理解いただけたと思う。

● 英語の土台は基本単語

たった5個の基本単語を身につけることによって、会話が格段にうまくなるなどということは、日本語では絶対に考えられない。こんなことが可能な英語は、とても不思議な、そしてとても便利な言葉だと私は思う。

これは、英語には「核になる少数の単語」がある、ということなのだ。あるデータによれば、日常会話の60％はたった100単語で占められている、ということである（拙著『たった100単語の英会話』参照）。

基本単語のスープの上に、特殊単語が浮いているのが英語の全体像、とイメージすることもできる。ということは、5つの基本動詞の理解をおろそかにすると、その後のすべての学習が「砂上の楼閣」になる恐れがある、ということでもある。

では、いよいよ have から順番に、これら5つの

INTRODUCTION　なぜこの５単語なのか！

動詞の持つ無限のパワーを実体験していくことにしよう。その前に、give と make を使った、ほのぼのとしたジョークをご紹介して、このイントロを終わりにしたい。

" Mommy, why does it rain ? "
" To **make** things grow. To **give** us apples, pears, corn..."
" Then, why does it rain on the pavement ? "

「ママ、どうして雨が降るの？」
「ものを育てるためよ。リンゴやナシやトウモロコシが雨のおかげで育つのよ」
「じゃあ、どうして歩道にも雨が降るの？」

　英米の子供たちは、まず基本５動詞の使い方から英語を身につけていく、と言ってもいいだろう。have, get, take, give, make の５動詞は、誰にも平等に開かれた「英語への門」なのである。

PART 1

どんどん広がる **have** の世界

● have のつかまえ方

　have は、ふつう「持つ、持っている」という意味だと思われている。例えば、手元に小銭を持っている、家にピアノを持っている、心に野望を持っているなど。最近は、月に土地を持っているという人もいる。ここまで来ると、行ったことも見たこともないのに「持っている」というのだ。これは、どう考えたらいいのだろう。

　私は、単に「持っている」というより、「**密接な関係にある、切っても切れない関係にある**」のが have だと考えている。月の土地の場合は、行ったことはないけれど、やはりその土地と「密接な関係にある」わけだ。

「お名前を聞かせてください」という時、May I **have** your name ? と言う。これは、「あなたの名前と密接な関係になりたい→あなたの名前を知りたい→自分のコントロール下に置きたい」という意思表示である。つまり、「密接な関係になる」というのは、「自分のコントロール下に置く」ということを意味する。月の土地に柵をめぐらすことはできないが、勝手に他人が所有権を主張できないようにすることはできる、たぶん。

「人に何々をさせる」という「**使役動詞の have**」も、「人を自分のコントロール下に置く」のだと考えれば、have を使う理由がわかるだろう。

　では、次ページの『**have の「意味の見取り図」**』を使って、have の全貌を鳥瞰することから始めよう。

PART 1　どんどん広がる have の世界

have の「意味の見取り図」

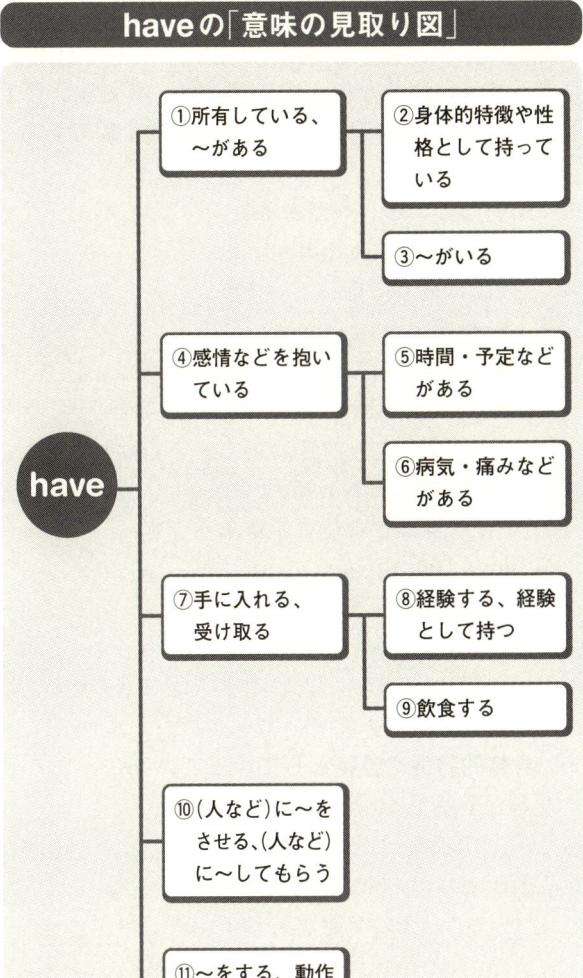

● これがhaveの世界だ！

　では、前ページの『haveの「意味の見取り図」』に沿って、代表的な例文を見ながら、本文の予習をしておこう。これが本書で扱うhaveの全貌である。

(1) **所有している、～がある**
　① He **has** a book in his hand.
　　（彼は本を手に持っています）
　② I **have** a driver's license.
　　（車の免許を持っています）
　③ She **had** leather boots on.
　　（彼女は革のブーツを履いていました）
　④ The school **has** a big gym.
　　（学校には大きな体育館があります）
　⑤ Japan **has** the sea around it.
　　（日本は海に囲まれています）
　⑥ Do you **have** a single room for tonight?
　　（今夜シングルルームは1室空いていますか）

(2) **身体的特徴や性格として持っている**
　① She **has** long hair.
　　（彼女は長い髪をしています）
　② He **has** musical talent.
　　（彼には音楽の才能があります）

(3) **～がいる**
　① I **have** one brother.

(私には兄が1人います)
② I **have** a big dog.
(大きな犬を飼っています)
③ How many employees do you **have**?
(従業員は何人いますか)

---

(4) **感情などを抱いている**
① She **has** a good impression of him.
(彼女は彼によい印象を持っています)
② I **had** doubts about her story.
(彼女の話は怪しいと思いました)
③ I **have** a good idea.
(私にいい考えがあります)
④ Do you **have** something against me?
(私に対して恨みでもあるのですか)

(5) **時間・予定などがある**
① Do you **have** time?
(時間はありますか)
② I'll **have** a meeting with my staff.
(これからスタッフと打ち合わせをします)

(6) **病気・痛みなどがある**
① I **have** a pain here.
(ここが痛いです)
② I **have** a cold.
(私は風邪をひいています)

③ I **have** an allergy to eggs.
（卵アレルギーなんです）

---

(7) 手に入れる、受け取る
① She **had** a present from him.
（彼女は彼からプレゼントをもらいました）
② He **had** an English lesson.
（彼は英語の授業を受けました）
③ I **had** a phone call from him.
（彼から電話をもらいました）
④ May I **have** your name, please？
（お名前をお聞かせください）
⑤ This used car can be **had** for 300,000 yen.
（この中古車は30万円で手に入ります）
⑥ She **had** a baby boy.
（彼女は男の赤ちゃんを産みました）

(8) 経験する、経験として持つ
① I **had** a shock.
（ショックを受けました）
② I **had** a day-off yesterday.
（昨日は休みをとりました）
③ She **had** an accident.
（彼女は事故にあいました）
④ I **had** a nice time talking with you.
（お話できて、とても楽しかったです）
⑤ We **had** much snow last year.

PART 1　どんどん広がる have の世界

(去年は雪が多かったです)

(9) **飲食する**
　① I'll **have** a glass of wine, please.
　　(ワインを 1 杯お願いします)

---

(10) **(人など)に〜をさせる、(人など)に〜してもらう**
　① **Have** him come at nine.
　　(彼を 9 時に来させなさい)
　② I won't **have** you saying such things.
　　(あなたにそんなことは言わせません)
　③ Can I **have** this delivered?
　　(これを配達してもらえますか)
　④ I **had** my watch stolen.
　　(時計を盗まれました)
　⑤ **Have** everything ready by Sunday.
　　(日曜までに万事用意しておきなさい)

---

(11) **〜をする、動作をする**
　① She **had** a look at him.
　　(彼女は彼を見ました)

では、「意味の見取り図」の順番にしたがって、次ページから、have の使い方を詳しく学んでいくことにしよう。

① 所有している、〜がある

①具体的に手に持っている

He **has** a book in his hand.
彼は本を手に持っています。

have のいちばん最初の意味は、同じ所有でも、具体的に手に持っている場合。「ペンを持ち合わせている、雑誌を小脇に抱えている、お金の持ち合わせがない」など。これらを have を使って表してみよう。

こんなふうに使います

① Do you **have** a pen?
　ペンをお持ちですか。
② She **has** a magazine under her arm.
　彼女は雑誌を小脇に抱えています。
③ I **have** no money on me today.
　今日はお金の持ち合わせがありません。
④ He **had** her by the hair.
　彼は彼女の髪をつかみました。

PART 1　どんどん広がる have の世界

have

②手に持てないものを所有している

I **have** a driver's license.
車の免許を持っています。

「免許を持っている」は、免許証を持っているという具体的な意味にもなるが、「運転資格を取得している」という抽象的な意味も持つ。この類例として、「**投票権がある、車を所有している**」などが考えられる。車は手に持つことはできないので、《抽象的な所有》を表していることは明らかだ。

こんなふうに使います

① We **have** the right to vote.
　私たちには投票権があります。
② He **has** an account at the bank.
　彼は銀行に預金口座があります。
③ My father **has** two cars.
　父は車を2台持っています。
④ I **have** a summer cottage in Karuizawa.
　軽井沢に別荘を持っています。

① 所有している、〜がある

③身につけている

She **had** leather boots on.
彼女は革のブーツを履いていました。

何かを身につけている、という場合だ。「指輪をはめている、ネクタイを締めている、白いスカーフをしている」などを have を使って表してみよう。「両手をポケットに入れている」という場合も類例に加えた。

こんなふうに使います

① Her finger **had** a beautiful ring on it.
彼女は指にきれいな指輪をはめていました。

② You should **have** a tie on when you come to our party.
私たちのパーティーにはネクタイを締めてきてください。

③ She **has** a white scarf around her neck.
彼女は首に白いスカーフをしています。

④ He **had** his hands in his pockets.
彼は両手をポケットに入れていました。

have

④AにBがある

The school **has** a big gym.
学校には大きな体育館があります。

「AにBがある」を、英語ではhaveを使って、「AはBを持っている」と表すことが多い。「部屋に窓が2つある、家にプールがある、上着にポケットがついている、本に索引がついている」などをhaveを使って言ってみよう。とても使いでのある表現だ。

こんなふうに使います

① My room **has** two windows.
   私の部屋には窓が2つあります。

② Her house **has** a swimming pool.
   彼女の家にはプールがあります。

③ This coat **has** no pockets.
   この上着はポケットがついていません。

④ Does the book **have** an index ?
   その本には索引がついていますか。

① 所有している、〜がある

⑤存在を表す

Japan **has** the sea around it.

日本は海に囲まれています。

地理的に「湖がたくさんある、4つの県がある」などという場合、また、時間的に「1週間は7日ある、4月は30日ある」などという場合に、やはり have を使って表すことができる。前項の「部屋には窓が2つある」などの応用（拡大版）と考えてもいい。

こんなふうに使います

① They **have** a lot of lakes in Michigan.
ミシガンにはたくさんの湖があります。

② Shikoku **has** four prefectures.
四国には4つの県があります。

③ A week **has** seven days.
1週間は7日あります。

④ April **has** thirty days.
4月は30日あります。

PART 1　どんどん広がる have の世界

have

⑥（店などで）〜がある、〜の用意がある

Do you **have** a single room for tonight ?

今夜シングルルームは1室空いていますか。

You have 〜、We have 〜の形で、「（店などで）〜がある」とか「〜の用意がある」という意味で使われる。英語特有の表現である。「**特別メニューがある、子供向けの本がある、おいしいオレンジがある**」などという時に使える。

こんなふうに使います

① Do you **have** today's special ?
　今日の特別メニューはありますか。

② Do you **have** books for children ?
　子供向けの本はありますか。

③ We **have** good oranges today.
　今日はおいしいオレンジがありますよ。

④ Are there all colors you **have** ?
　色はここにあるので全部ですか。

31

② 身体的特徴や性格として持っている

①身体的な特徴を表す

She **has** long hair.
彼女は長い髪をしています。

「長い髪をしている」などの身体的な特徴も have を使って表せる。類例として、「鼻が高い、声がかわいい、目がお父さん似だ」などを have を使って言ってみよう。なお、「高い鼻」は、英語では high nose ではなく、long nose で表す。

こんなふうに使います

① He **has** a long nose.
　彼は高い鼻をしています。

② My girlfriend **has** a sweet voice.
　僕の彼女は声がかわいいです。

③ He **has** his father's eyes.
　彼の目はお父さん似です。

④ A rabbit **has** long ears.
　ウサギは耳が長いです。

32

②性格や能力などを表す

He **has** musical talent.
彼には音楽の才能があります。

身体的特徴ではないが、人の性格や持ち前などを表す時にも have が使える。「甘党だ、記憶力がいい、ユーモアのセンスがある、鑑識眼がある」などを、have を使って言ってみよう。「(絵の) 鑑識眼がある」は、日本語と同様、have an eye for paintings と言う。

こんなふうに使います

① I **have** a sweet tooth.
   私は甘党です。
② She doesn't **have** a good memory.
   彼女は記憶力がよくありません。
③ You **have** a sense of humor.
   あなたにはユーモアのセンスがあります。
④ She **has** an eye for paintings.
   彼女は絵についての鑑識眼があります。

③ 〜がいる（家族や知り合いがいる、動物を飼っている）

①切っても切れない関係を表す

I **have** one brother.
私には兄が1人います。

haveは「切っても切れない関係」を表す時に使える。その代表は、家族、友人、職場での人間関係などだろう。「大家族である、ボーイフレンドがいる、優しい上司がいる」などをhaveを使って言ってみよう。

こんなふうに使います

① She hopes to **have** a large family.
　彼女は大家族を持ちたがっています。
② Mary **has** many boyfriends.
　メアリーにはボーイフレンドが大勢います。
③ He **has** a kind boss.
　彼には優しい上司がいます。
④ Do you **have** any brothers or sisters ?
　あなたには兄弟姉妹がいますか。

PART 1　どんどん広がる have の世界

have

②ペットなどを持っている

I **have** a big dog.
大きな犬を飼っています。

家族の次はペットだ。多くの家で、ペットは家族同然なので、すんなり理解できる。「ペットを飼っている、植物を育てている」などを have を使って言ってみよう。

こんなふうに使います

① Do you **have** a pet?
あなたはペットを飼っていますか。

② The boy wants to **have** a cat.
少年は猫を飼いたがっています。

③ I used to **have** three dogs.
昔は犬を3匹飼っていました。

④ I **have** a lot of plants in my garden.
庭にたくさんの植物を育てています。

35

③ ～がいる（家族や知り合いがいる、動物を飼っている）

③雇用関係を表す

How many employees do you **have**?

従業員は何人いますか。

会社や店などで「従業員が何人いる」とか「学校に先生が何人いる」という時にも have が使える。「500人の人を使っている、よい秘書を雇う、通訳がいる、90人の教授陣がいる」などを英語で言ってみよう。

こんなふうに使います

① He **has** 500 people under him now.
彼は今や500人の人を使っています。

② You must **have** a good secretary.
あなたはよい秘書を雇わなければなりません。

③ Do you **have** an interpreter in this company?
この会社には通訳がいますか。

④ The college **has** a faculty of ninety.
その大学は90名の教授陣を有しています。

④ 感情などを抱いている

①心に何らかの感情を持っている

She **has** a good impression of him.

彼女は彼によい印象を持っています。

心の中に何かの感情を持っている場合だ。これも have の独壇場といえる。「好感を持っている、同情している、誰々を信じきっている」などを have を使って言ってみよう。

こんなふうに使います

① She **has** a good feeling toward you.
彼女はあなたに好感を持っています。
② I **have** pity on him.
彼に同情しています。
③ He **has** complete belief in her.
彼は彼女を信じきっています。
④ She **has** a fear of flying.
彼女は飛行機に乗るのが怖いです。

④ 感情などを抱いている

②疑いや質問などがある

I **had** doubts about her story.
彼女の話は怪しいと思いました。

今度は、感情ではなく、疑いや質問などがある場合だ。心の中に持っている限り、もちろん have で表せる。「疑わしい点がある、質問がある、異議がある」などを have を使って言ってみよう。

こんなふうに使います

① Do you **have** any doubts about it ?
   そのことに関して何か疑わしい点はありますか。
② Do you **have** any questions ?
   何か質問がありますか。
③ They **had** no objection to my plan.
   彼らは私の計画に異議はありませんでした。
④ I **have** no doubt of his success.
   彼の成功を信じて疑いません。

PART 1　どんどん広がる have の世界

have

③考えや知識がある

I **have** a good idea.
私にいい考えがあります。

考えや知識がある場合も have が使える。心の中にあるというより、頭の中にあるケースだ。「さっぱりわからない、十分な理由がある、知的な欲求がある」などを have を使って言ってみよう。

こんなふうに使います

① I **have** no idea what to do.
何をしたらよいのかわかりません。

② I **have** no idea how to fix this computer.
このコンピュータをどうやって直せばいいのかさっぱりわかりません。

③ She **has** every reason to say so.
彼女がそう言うのには十分な理由があります。

④ I **have** a strong desire to do more learning.
ぜひもっといろいろなことを知りたいと思っています。

39

④ 感情などを抱いている

④望ましくない負の感情がある

Do you **have** something against me ?

私に対して恨みでもあるのですか。

心や頭の中に、何か望ましくない思いがある場合である。「偏見がある、悪感情を持つ、大嫌いだ、評判が悪い」などを have を使って言ってみよう。「悪感情［わだかまり］を持つ」は have something against 〜。逆にそういう感情を持たない場合は、have nothing against 〜で表す。

こんなふうに使います

① She **has** a prejudice against him.
　彼女は彼に偏見があります。

② He **has** nothing against me.
　彼は私に対して何ら悪感情を持っていません。

③ She **has** a great dislike for snake.
　彼女はヘビが大嫌いです。

④ They don't **have** a good reputation.
　彼らは評判がよくありません。

PART 1　どんどん広がる have の世界

⑤ 時間・予定などがある

①時間がある・ない

Do you **have** time？
時間はありますか。

「時間がある、時間がない」という時に have を使う。これは、「自分でコントロールできる時間がある・ない」という意味だ。「本を読む時間がある、説明する暇がない」などの表現を have を使って言ってみよう。

こんなふうに使います

① I'll **have** time to see you tomorrow.
あしたならお会いできるでしょう。

② She doesn't **have** much time to read.
彼女には本を読む時間があまりありません。

③ I **have** no time to explain it.
今説明している暇がありません。

④ I **have** free time after 3 o'clock this afternoon.
今日は午後3時からなら時間があります。

41

⑤ 時間・予定などがある

②予定がある、やることがある

I'll **have** a meeting with my staff.

これからスタッフと打ち合わせをします。

前項の「時間がある」の延長上に「予定がある、やることがある」という表現がある。「休暇を取る、予定がある、先約がある」などを have を使って言ってみよう。

こんなふうに使います

① I'll **have** a two-week holiday this summer.
この夏は2週間の休暇を取る予定です。

② Do you **have** anything on this evening ?
今晩何か予定がありますか。

③ I **have** a previous engagement.
先約があります。

④ I **have** something to do today.
今日はすることがあります。

42

PART 1　どんどん広がる have の世界

⑥ 病気・痛みなどがある

①体のどこかが痛い

I **have** a pain here.
ここが痛いです。

医師に自分の症状を説明する時に、have は大活躍する。「歯が痛い、頭が痛い、寒気がする」などの身体症状を have を使って表現してみよう。

こんなふうに使います

① I **have** a terrible toothache.
　ひどく歯が痛いです。
② I **had** a slight headache last night.
　ゆうべは少し頭が痛かったです。
③ I **have** a pain in my back.
　背中が痛いです。
④ I **have** a chill.
　寒気がします。

43

⑥ 病気・痛みなどがある

②風邪をひいている

I **have** a cold.
私は風邪をひいています。

身体症状の続きで「風邪をひいている」などという時に have が使える。風邪と切っても切れない関係にある、と考えればいいだろう。「インフルエンザにかかる、熱がある」などの表現も have を使って言ってみよう。

こんなふうに使います

① Do you often **have** colds ?
   風邪をよくひきますか。
② Do you **have** a cold now ?
   今、風邪をひいていますか。
③ I've never **had** flu.
   私は1度もインフルエンザにかかったことがありません。
④ Do you **have** a fever ?
   熱がありますか。

PART 1　どんどん広がる have の世界

have

③慢性的な病気がある

I **have** an allergy to eggs.
卵アレルギーなんです。

ここまで見てきた、「体のどこかが痛い、(一時的に) 風邪をひいている」という症状よりも根の深い、継続的な症状 (病状) にも have が使える。「花粉症だ、喘息持ちだ、高所恐怖症だ」などを have を使って表してみよう。

こんなふうに使います

① I **have** an allergy to pollen.
　花粉症なんです。
② I **have** asthma.
　喘息持ちです。
③ I **have** acrophobia.
　高所恐怖症です。
④ I **have** a fear of blushing.
　赤面症です。

45

7 手に入れる、受け取る

①〜を得る、もらう

She **had** a present from him.

彼女は彼からプレゼントをもらいました。

ここまで見てきた「所有」という意味の have は、静的な状態を表すが、この項では「手に入れる、受け取る」という少し動きを伴う have を見ていくことにする。「よい賃金を得る、メニューを見せてもらう、パンフレットをもらう」などを have を使って言ってみよう。

こんなふうに使います

① He **had** a good wage.
　彼はよい賃金を得ました。

② May I **have** a menu, please?
　メニューを見せてもらえますか。

③ Can I **have** a tour brochure, please?
　ツアーのパンフレットをください。

④ Can I **have** one of these?
　これをひとつもらってもいいですか。

46

PART 1　どんどん広がる have の世界

have

②授業などを受ける

He **had** an English lesson.
彼は英語の授業を受けました。

「授業を受ける」というのは、自分に課せられた授業、または自分が選択した授業を受けるわけで、そこには、やはり自分と切っても切れない関係がある。同様に「ピアノのレッスンを受ける、運転教習を受ける」などを have を使って表現しよう。

こんなふうに使います

① She **had** piano lessons.
　彼女はピアノのレッスンを受けました。
② I **had** lessons in French from my uncle.
　私は叔父にフランス語を教えてもらいました。
③ I'm **having** driving lessons.
　私は運転の教習を受けています。
④ There is nothing to be **had** from such books.
　あんな本から得るものは何もありません。

47

7 手に入れる、受け取る

③電話や知らせを受け取る

I **had** a phone call from him.
彼から電話をもらいました。

「受け取る」という意味の have の練習をしよう。どこかから届いたものが、自分のものになる過程を have で表すわけだ。「手紙をもらう、知らせを受け取る、両親の同意をもらう」などを have を使って言ってみよう。

こんなふうに使います

① I **had** a letter from Mike.
マイクから手紙をもらいました。

② I am very happy to **have** your answer.
あなたから返事がいただけてとてもうれしいです。

③ I **had** good news from home.
郷里からいい知らせを受け取りました。

④ We don't **have** his parents' consent.
まだ彼の両親の同意をもらっていません。

PART 1　どんどん広がる have の世界

have

④何かを自分のコントロール下に置く

May I **have** your name, please ?

お名前をお聞かせください。

have には、何かを自分のコントロール下に置く、という意味がある。「相手の名前を聞く」というのは、「相手の名前を自分のコントロール下に置く」ということ。同様に、「席に着く、会う機会がある、陰謀に加担する」なども heve を使って表現してみよう。

こんなふうに使います

① **Have** a seat.
席に着いてください。

② I didn't **have** a chance to meet him.
彼に会う機会はありませんでした。

③ He **had** a part in a plot.
彼は陰謀に加担しました。

④ He promised to **have** my wishes in mind.
彼は私の望みを頭に入れておくと約束しました。

7 手に入れる、受け取る

⑤手に入る (be had)

This used car can be had for 300,000 yen.

この中古車は 30 万円で手に入ります。

〈be had〉と受け身の形で用いて「手に入る」という意味になる。「1 億円でマンションが買える、本が手に入る、バッグがアウトレットで手に入る」などを〈be had〉を使って表現してみよう。

こんなふうに使います

① This condo can be **had** for 100 million yen.
この分譲マンションは 1 億円で買えます。

② A basic model can be **had** for about 10,000 yen.
基本モデルは 1 万円程度で手に入ります。

③ The book was nowhere to be **had**.
その本はどこでも手に入りませんでした。

④ That bag was **had** at the outlet shop.
あのバッグはアウトレット（ショップ）で手に入りました。

have

⑥赤ちゃんを産む、子をもうける

She **had** a baby boy.
彼女は男の赤ちゃんを産みました。

「赤ちゃんを産む、子をもうける」という意味で have が使える。「出産の予定だ、2 人の男の子をもうける」などを have を使って言ってみよう。「4 匹子猫を産む」のように人間以外にも have を使うことができる。

こんなふうに使います

① My wife is **having** a baby next month.
   妻は来月出産の予定です。
② He **had** two sons by that woman.
   彼はその女性との間に 2 人の息子をもうけました。
③ She **had** four children in seven years.
   彼女は 7 年間に 4 人の子供を産みました。
④ The cat's **had** four kittens.
   猫が 4 匹子猫を産みました。

⑧ 経験する、経験として持つ

①経験する

I **had** a shock.
ショックを受けました。

「経験する」という意味の have である。「ショックを受ける」は「ショックな経験をする」ということ。同様に、「〜するのに苦労する、調子がおかしい、〜して楽しい」などを、have を用いて表してみよう。

こんなふうに使います

① I **had** difficulty in learning English.
英語を習得するのに苦労しました。

② Did you **have** much trouble in getting the tickets ?
そのチケットを手に入れるのは大変でしたか。

③ We're **having** a bit of trouble with my car.
車の調子がちょっとおかしいです。

④ I've **had** a lot of fun being with you.
あなたと一緒にいて楽しかったです。

PART 1　どんどん広がる have の世界

have

②経験する、行動をとる

I **had** a day-off yesterday.
昨日は休みをとりました。

「経験する」の延長上にある表現を取り上げてみた。「健康診断してもらう、手術を受ける、冒険をする、よい経験をする」などを have を使って表してみよう。この意味の have には、「～したことがある」という完了形で使う have とどこか似た雰囲気がある。

こんなふうに使います

① I'll **have** a medical checkup tomorrow.
   あした健康診断してもらいます。
② He **had** an operation.
   彼は手術を受けました。
③ He **had** an adventure.
   彼は冒険をしました。
④ She **had** a very nice experience.
   彼女はとてもよい経験をしました。

53

⑧ 経験する、経験として持つ

③思わしくない経験をする

She **had** an accident.
彼女は事故にあいました。

同じ「経験する」の中でも、「思わしくない経験をする」ケースを集めてみた。「パンクする、ひどい夢を見る、不幸な出来事がある」などを have を使って言ってみよう。「間違い電話をする」場合も合わせて練習する。

こんなふうに使います

① I **had** a flat tire.
タイヤがパンクしました。

② I **had** a bad dream last night.
ゆうべひどい夢を見ました。

③ We **had** many unhappy events last year.
昨年はいろいろと不幸な出来事がありました。

④ You must **have** a wrong number.
電話をおかけ間違いのようですよ。

PART 1　どんどん広がる have の世界

have

④〜な時間を過ごす

I **had** a nice time talking with you.

お話できて、とても楽しかったです。

「楽しい時間を過ごす」、あるいは逆に「辛い時間を過ごす」という時に have を使うことができる。「苦しい経験をする、楽しい週末を過ごす」などを have を使って言ってみよう。最後の「じゃあね！」は「よい日を（お過ごしください）」という決まり文句だ。

こんなふうに使います

① Did you **have** a good time during the vacation ?
休暇中は楽しかったですか。

② I **had** a hard time.
苦しい経験をしました。

③ **Have** a nice weekend !
楽しい週末を！

④ **Have** a nice day !
じゃあね！

55

8 経験する、経験として持つ

⑤気候について語る

We **had** much snow last year.

去年は雪が多かったです。

これはとても使用例の多い have の使い方だ。「経験する」のはるか延長上に「雪が多い」などの地域的な特徴を表す have がある。「雨が多い、地震がある、湿度が高い、暑い夏だった」などを have を使って表してみよう。

こんなふうに使います

① We **have** a lot of rain in June in Japan.
日本では6月に雨が多いです。

② We **had** an earthquake yesterday.
きのう地震がありました。

③ We **have** a humid climate here.
当地は湿度の高い気候です。

④ We **had** an unusually hot summer last year.
昨年の夏はいつになく暑かったです。

PART 1　どんどん広がる have の世界

⑨ 飲食する

①飲む、食べる（eat や drink の代用）

I'll **have** a glass of wine, please.

ワインを一杯お願いします。

eat や drink の代用として、have を使う場合がある。eat や drink のような直接的な動詞ではないので、会話の中で使いやすい。一種の婉曲表現といえる。「昼食に～を食べる、昼食をとる」などを have を使って言ってみよう。この意味の have は例外的に進行形でも用いることができる。

こんなふうに使います

① I **have** had enough.
　十分いただきました。
② What will you **have** for lunch?
　昼食は何になさいますか。
③ **Have** some cookies.
　クッキーをどうぞ。
④ She is **having** lunch now.
　彼女は昼食をとっているところです。

57

⑩ (人など)に〜をさせる、(人など)に〜してもらう

①人に〜させる（使役動詞）

Have him come at nine.
彼を9時に来させなさい。

いわゆる使役動詞としてのhaveを見ていく。〈have＋人＋動詞の原形〉で「人に〜させる」という意味になる。特に「仕事として〜させる」という時によく使われる。「片づけさせる、人にしてもらう、タイプさせる」などを使役のhaveを使って表現してみよう。

こんなふうに使います

① I'll **have** our staff clean it up.
   店の者に片づけさせます。

② Do to others as you would **have** them do to you.
   人にしてもらいたいことを人にもしてあげなさい。

③ I'll **have** my secretary type this.
   秘書にこれをタイプさせます。

④ I'll **have** Betty call you when she comes back.
   ベティが帰って来たらあなたに電話をかけさせましょう。

PART 1　どんどん広がる have の世界

have

②人に(勝手に)～させておく (have + 人 + ～ ing)

I won't **have** you saying such things.
あなたにそんなことは言わせません。

「人に～させる」の延長上に、〈have + 人 + ～ ing〉の形で、「人に(勝手に)～させておく」という言い方がある。「笑わせておく、待たせておく」などを、〈have + 人 + ～ ing〉で表現してみよう。「水を出しっぱなしにする、映画に泣かされる」など、相手が人ではない場合にも用いられる。

こんなふうに使います

① I can't **have** them laughing like that.
　彼らをあんなふうに笑わせておくことはできません。
② She **had** a taxi waiting.
　彼女はタクシーを待たせておきました。
③ He **had** the water running in the bathtub.
　彼は浴槽に水を出したままにしていました。
④ The movie **had** us crying.
　あの映画には泣かされました。

59

⑩ (人など)に〜をさせる、(人など)に〜してもらう

③物を〜してもらう（have + 物 + 過去分詞）

Can I **have** this delivered?
これを配達してもらえますか。

今度は、〈have + 物 + 過去分詞〉の形で、「物を〜してもらう」という意味を表す場合を取り上げる。「髪を切ってもらう、ペンキを塗ってもらう、写真を撮ってもらう」などを〈have + 物 + 過去分詞〉で表してみよう。

こんなふうに使います

① I **had** my hair cut.
髪を切ってもらいました。

② He **had** his house painted.
彼は家にペンキを塗ってもらいました。

③ We **had** our photographs taken.
私たちは写真を撮ってもらいました。

④ Can I **have** this bag carried upstairs?
このバッグを2階に運んでもらえますか。

PART 1　どんどん広がる have の世界

have

④物を〜される（have + 物 + 過去分詞）

I **had** my watch stolen.
時計を盗まれました。

前項と同じ形、〈have ＋物＋過去分詞〉で「物を〜される」という意味を表す場合がある。「お金を盗まれる、ファイルをなくされる、言葉を疑われる、足を骨折する」などを、〈have ＋物＋過去分詞〉で表してみよう。

こんなふうに使います

① She **had** her money stolen in a crowded bus.
彼女は混んだバスの中でお金を盗まれました。

② I **had** my file misplaced by someone.
誰かにファイルをなくされてしまいました。

③ I never **had** my word doubted.
これまで1度も自分の言葉を疑われたことはありませんでした。

④ He **had** his leg broken while playing soccer.
彼はサッカーをしていて足を骨折してしまいました。

61

⑩ (人など)に〜をさせる、(人など)に〜してもらう

⑤物をある状態にする (have + 物 + 形容詞)

Have everything ready by Sunday.

日曜までに万事用意しておきなさい。

〈have + 物 + 形容詞〉の形で、「物をある状態にする」という意味を表すことができる。「テーブルを用意する、夕食の準備をする、髪をきちんとする、よく目を見開く」などの表現を、〈have + 物 + 形容詞〉で表してみよう。

こんなふうに使います

① I'll **have** your table ready immediately.
テーブルをすぐにご用意いたします。

② I'll **have** dinner ready when you get home.
あなたが帰宅するまでに夕食の準備をしておきましょう。

③ I'd like you to **have** your hair neat.
髪をきちんとしておいてください。

④ You must **have** your eyes open.
あなたたちはよく目を見開いていなければいけません。

PART 1　どんどん広がる have の世界

⑪ ～をする、動作をする

①～をする (have a ＋名詞)

She **had** a look at him.
彼女は彼を見ました。

have の最後は、have a look のように、〈have a ＋名詞〉の形で「～する」という意味を表す用例を取り上げる。「やってみる、話し合う、ダンスする、シャワーを浴びる」などを〈have a ＋名詞〉の形で言ってみよう。なお、〈have a ＋名詞〉の類例については、68 〜 69 ページのコラムを参照されたい。

こんなふうに使います

① I'll **have** a try.
やってみます。
② Let's **have** a talk.
話し合いましょう。
③ He **had** a dance with her.
彼は彼女とダンスをしました。
④ I want to **have** a shower.
シャワーを浴びたいです。

63

have 使いまくりの英会話①

　　── 休暇明けに友だちと会って
A：Hi！ How **have** you been？
B：I'm quite busy these days, but I'm OK. How was your vacation？
A：It was great. I **had** a trip to Hokkaido last week.
B：Did you **have** a good time？
A：Yes.　I **had** a lot of delicious food, and a lot of fresh air, too.
B：So you enjoyed a lot！
A：Yes. Very much！
B：Let me **have** a look at the photos some other time.
A：Sure.

【和訳】
A：やあ！　元気だった？
B：このところずっと忙しくってね、でも元気だよ。休暇はどうだった？
A：すばらしかった。先週北海道に行ったんだ。
B：楽しかった？
A：うん。おいしいものをたくさん食べたし、きれいな空気もいっぱい吸ってきたよ。
B：じゃあすごく楽しめたんだね。

A：うん。とっても。
B：そのうちまた、写真を見せてくれよ。
A：もちろん。

▶▶ have にフォーカス!!
① How **have** you been ? の have は「現在完了」を作る have。ここでは「継続用法」、すなわち「ずっと元気だった？」という意味。
② I **had** a trip to Hokkaido last week. 〈have a trip〉で「旅行をする」という表現。
③ Did you **have** a good time ?〈have a good time〉は「楽しく過ごす」という表現。
④ I **had** a lot of delicious food... の had は「味わう、満喫する」という意味。
⑤ Let me **have** a look at the photos... の have a look は「見る」という動詞と同じ。似た表現法に have a talk（話す）、have a drink（飲む）などがある。

have 使いまくりの英会話②

　　── 野外活動中の先生と生徒の会話
A：You look pale. Are you all right?
B：I **have** a headache. I'm feeling sick now.
A：Did you **have** breakfast this morning?
B：No. **I've had** no appetite since last night.
A：That's too bad. You must **have** a cold. I **have** some aspirin here.
B：Thank you.
A：And you **have** to go home as soon as you can.
B：Yes... I will.

【和訳】
A：あなたちょっと顔色が悪いわよ。大丈夫?
B：頭痛がするんです。ちょっと気分が悪いんですが。
A：今朝は朝食食べたの?
B：いいえ。昨晩から食欲がまったくありません。
A：それはよくないわね。風邪をひいているに違いないわ。ここにアスピリンがあるから飲んで。
B：ありがとうございます。
A：そしてできればすぐに家に帰ったほうがいいわ。
B：ええ、そうさせてもらいます。

PART 1　どんどん広がる have の世界

▶▶ have にフォーカス!!

① I **have** a headache. 同様に、I **have** a stomachache. なら「お腹が痛い」となる。

② Did you **have** breakfast this morning？　この have は「食べる」という意味。

③ **I've had** no appetite since last night.　I've had のところは「現在完了」。「昨夜以来ずっと食欲がない」という「継続用法」。have no appetite は「食欲がない」という表現。

④ You must **have** a cold.　〈have a cold〉は「風邪をひいている」。

⑤ I **have** some aspirin here. の have は「ここに持っている」ということ。

⑥ And you **have** to go home as soon as you can.　〈have to 〜〉は「〜しなければならない状態だ」という意味。must ほど命令的ではない。

67

〈have a ＋名詞〉の華麗な世界

63 ページで have a look, have a try, have a talk, have a dance, have a shower など、〈have a ＋名詞〉の表現を学んだ。ここにそのほかの例を集めてみたが、〈have a ＋名詞〉がこんなに使いでがあるとは、オドロキではないだろうか。

have a baby（赤ちゃんができる、お産をする）
have a bias（偏見を持つ）
have a break（休憩する）
have a call（電話がかかってくる）
have a calling to（～が天職である）
have a career as（～の経歴を持つ）
have a chat（おしゃべりする、雑談する）
have a choice（選ぶ権利がある、自由に選べる）
have a cold（風邪をひいている）
have a complaint with（～に文句がある）
have a crisis（危機的状況に陥る）
have a day off（1日休暇を取る）
have a deal（取引する）
have a debate（討論を行う）
have a degree（学位を持っている）
have a desire for（～が欲しいと思う）
have a drink（一杯やる）
have a fight with（～とけんかする）
have a flat tire（パンクする）
have a future（将来性がある）

PART 1　どんどん広がる have の世界

have a good idea（名案がある）
have a guess（見当をつけてみる、推測する）
have a hard time（困難な［つらい］状況である）
have a heavy rain（大雨が降る）
have a high fever（高熱がある）
have a keen sense（感覚が鋭い）
have a long-term vision（長期的なビジョンを持つ）
have a motive（動機［理由］がある）
have a nap（うたた寝をする）
have a nerve（度胸がいい）
have a plan（考えがある）
have a prejudice（毛嫌いする、偏見を持つ）
have a previous appointment（先約がある）
have a problem（問題を抱えている）
have a quarrel（けんかする、言い合いをする）
have a record（前科がある）
have a reputation as（〜との評判だ、〜として有名である）
have a role（役目がある、役割を持つ）
have a seat（座る、着席する）
have a short temper（気が短い）
have a sound sleep（よく眠る）
have a surplus（余剰がある、黒字が出る）
have a suspect（うすうす嫌疑を掛けている）
have a taste for（〜の良さがわかる、〜に趣味がある）

PART 2

どんどん広がる **get** の世界

● get のつかまえ方

 多くの人が、get は「得る、手に入れる」という意味だと思っている。もちろんそれで、大きな間違いはないのだが、He often **gets** angry.（彼はよく腹を立てる）という文などを見ると、「手に入れる」だけでは get をつかみきれないことがわかる。

 私は、get は「**今までと違う状態になる**」と、つかまえている。

 She will **get** well soon.（彼女はすぐによくなるでしょう）などが、典型的な例だ。「手に入れる」のではなく、「今までと違う状態になる」わけなので、思いがけない状態に陥る場合も含む。

 I **got** sand in my shoes.（靴に砂が入った）などは、「入れた」のではなく、思いがけず「入ってしまった」のである。

 もうひとつ、よい例がある。Can you **get** this stain out？（このシミを取ってください）という文の場合だ。この文を、「得る、手に入れる」という意味で理解することは不可能だろう。これも、「シミが抜けた状態にする」と理解すれば、何も問題は起きない。

 もちろん、多くの場合「何かを取り込むことにより、新しい状態になる」わけだから、この限りでは「得る、手に入れる」という意味は有効である。

 では、次ページの『**get の「意味の見取り図」**』を使って、get の全貌を鳥瞰することから始めよう。

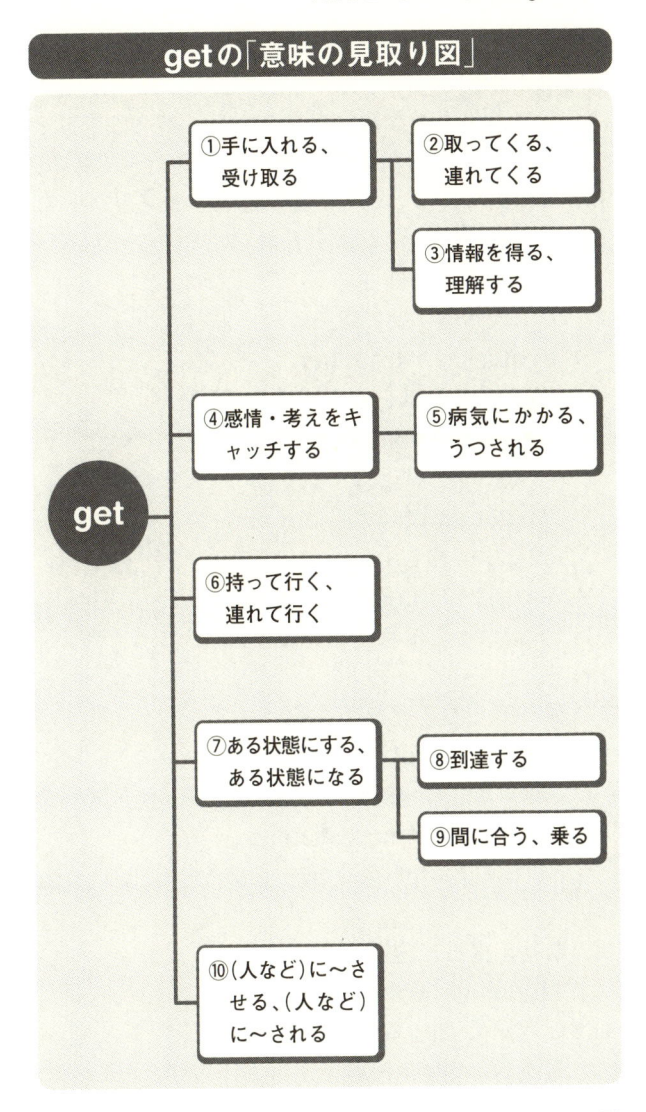

PART 2　どんどん広がる get の世界

get の「意味の見取り図」

get
- ① 手に入れる、受け取る
  - ② 取ってくる、連れてくる
  - ③ 情報を得る、理解する
- ④ 感情・考えをキャッチする
  - ⑤ 病気にかかる、うつされる
- ⑥ 持って行く、連れて行く
- ⑦ ある状態にする、ある状態になる
  - ⑧ 到達する
  - ⑨ 間に合う、乗る
- ⑩ (人など)に〜させる、(人など)に〜される

● **これが get の世界だ！**

　では、前ページの『get の「意味の見取り図」』に沿って、代表的な例文を見ながら、本文の予習をしておこう。これが本書で扱う get の全貌である。7番目に出てくる「ある状態にする、ある状態になる」が get の隠れた本質を表している。

(1) **手に入れる、受け取る**
　① I **got** a letter from her.
　　（彼女から手紙をもらいました）
　② Where did you **get** the bag?
　　（そのバッグはどこで買いましたか）
　③ We **got** a victory.
　　（我々は勝利を手に入れました）
　④ You should **get** some sleep.
　　（少し眠ったほうがいいですよ）

(2) **取ってくる、連れてくる**
　① Could you **get** me the file?
　　（そのファイルを取ってくれませんか）
　② **Get** a doctor immediately.
　　（すぐに医者を呼んで来てください）

(3) **情報を得る、理解する**
　① I didn't **get** your name.
　　（お名前が聞き取れませんでした）
　② Did you **get** it?

(わかりましたか)
③ Please don't **get** me wrong.
(私の言っていることを誤解しないでください)

---

(4) **感情・考えをキャッチする**
① I **got** the impression that he is honest.
(彼が正直者だという印象を受けました)
② I've **got** an idea.
(いい考えがあります)

---

(5) **病気にかかる、うつされる**
① I've **got** a fever.
(熱があります)

---

(6) **持って行く、連れて行く**
① He **got** the car into the garage.
(彼は車をガレージに入れました)
② I'll **get** you back home.
(あなたを家まで送って行きますよ)

---

(7) **ある状態にする、ある状態になる**
① He **got** me happy.
(彼は私を幸せにしました)
② I **got** the door open.
(ドアを開けました)
③ I **got** angry.
(私は怒りました)

④ I **got** fat.
　（太りました）
⑤ It's **getting** warmer day by day.
　（日増しに暖かくなっています）
⑥ When did you **get** to know her?
　（彼女とはいつ知り合いになったのですか）

(8) 到達する
　① She **got** home at six.
　　（彼女は6時に帰宅しました）
　② The meeting is **getting** nowhere.
　　（会議は一向に進展しないでいます）

(9) 間に合う、乗る
　① I **got** the train at eight.
　　（8時の電車に間に合いました）
　② Let's **get** a bus.
　　（バスで行きましょう）

---

(10) （人など）に〜させる、（人など）に〜される
　① Let's **get** the baby to sleep.
　　（赤ちゃんを寝かしつけましょう）
　② He **got** his shirt washed.
　　（彼はシャツを洗ってもらいました）
　③ He **got** scolded by his mother.
　　（彼は母親に叱られました）
　④ My car **got** stolen.

（車が盗まれてしまいました）

　getは多くの動詞句を作るという点でも、代表的な英語動詞だ。あまりにも例が多いので、覚えるのが難しいと思う方もいると思うが、getの「今までと違う状態になる」という基本語義の応用と考えれば、意外にすんなり理解できるはず。いくつか例を挙げてみよう。
　get back（戻った状態になる→戻る）
　get out（出た状態になる→出る）
　get over（越えた状態になる→乗り越える）
　get through（通り抜けた状態になる→通り抜ける）
　get together（一緒の状態になる→集まる）
　いかがであろう。これらの用例を通して、getの本質がより理解しやすくなったのではないだろうか。

　では、「意味の見取り図」の順番にしたがって、次ページから、getの使い方を詳しく学んでいくことにしよう。

① 手に入れる、受け取る

①手に入れる

I **got** a letter from her.
彼女から手紙をもらいました。

まずは、単純に「手に入る」という意味から見ていこう。「手紙をもらう」というのは、「手紙をもらった状態を手に入れる」と考えてもよい。「誰々から電話がある、手荷物を受け取る、お金を手に入れる、メールが届く」などの表現を get を使って表していこう。

こんなふうに使います

① I **got** a call from Mike this morning.
　今朝マイクから電話がありました。
② Where can I **get** my baggage ?
　手荷物はどこで受け取れますか。
③ I **got** some money.
　お金を手に入れました。
④ You **got** mail.
　メールが届きました。

78

get

②買う

Where did you **get** the bag？
そのバッグはどこで買いましたか。

物を手に入れるためには、ふつう代価を払わなくてはならない。というわけで、get は「お金を出して買う」という場合にも用いられることになる。つっこんで言えば、「**代金を払って、何かを所有する状態を手に入れる**」わけだ。では、いくつかの類例を get を使って表していこう。

こんなふうに使います

① My father **got** a camera for me.
　父は私にカメラを買ってくれました。

② Will you **get** me a ticket？
　切符を 1 枚手に入れてくれませんか。

③ **Get** an ice cream at the convenience store, please.
　コンビニでアイスクリームを買ってきてください。

④ I **got** this T-shirt for 10 dollars.
　このTシャツは 10 ドルで買いました。

① 手に入れる、受け取る

③物以外のものを手中にする

We **got** a victory.
我々は勝利を手に入れました。

ここまでは、具体物を手に入れる場合を見てきたが、この項では「勝利」など、物とは言えないものを獲得する場合を取り上げてみる。「就職する、1位になる、成績を取る、許可を得る」などの表現を、getを使って言ってみよう。

こんなふうに使います

① I **got** a job.
   就職しました。
② She **got** the first prize in the contest.
   彼女はそのコンテストで1位になりました。
③ He **got** an "A" in math.
   彼は数学でAの成績を取りました。
④ Did you **get** permission to use this room ?
   この部屋を使用する許可は得ましたか。

PART 2　どんどん広がる get の世界

get

④目に見えないものを獲得する

You should **get** some sleep.
少し眠ったほうがいいですよ。

今度は、目に見えないものを獲得する場合だ。「**空気を吸う、休みをとる、教育を受ける、日当たりがいい**」などの表現を、get を使って言ってみよう。すべて、「物を手に入れる」というより「状態を手に入れる」に近いケースばかりである。

こんなふうに使います

① I **got** some fresh air.
新鮮な空気を吸いました。

② **Get** some rest now.
少し休んでください。

③ It is important for us to **get** a good education.
よい教育を受けることは大切です。

④ This room **gets** enough sunlight.
この部屋は日当たりがいいです。

81

② 取ってくる、連れてくる

①取ってくる

Could you **get** me the file ?
そのファイルを取ってくれませんか。

何かを手に入れるためには、多くの場合、それがある場所まで行って取ってくる必要がある。いながらにして手に入るものは少ないからだ。ここでは、「コーヒーを入れてあげる、雑誌を持ってくる、傘を取ってくる」などを、get を使って表してみよう。

こんなふうに使います

① I'll **get** you a cup of coffee.
コーヒーを入れてあげます。

② Could I **get** you some magazines ?
何か雑誌でもお持ちしましょうか。

③ Go and **get** your umbrella !
傘を取ってきなさい！

④ **Get** him a glass of water.
彼に水を1杯持ってきてあげなさい。

PART 2　どんどん広がる get の世界

get

②人を連れてくる

Get a docter immediately.
すぐに医者を呼んで来てください。

今度は、物を取ってくるのではなく、人を連れてくる場合だ。「誰々を呼んでくる、子供を学校に迎えに行く」などの表現を、get を使って表そう。「誰々を伴った状態を手に入れる」と解釈すれば理解しやすいだろう。

こんなふうに使います

① Can you **get** him ?
　彼を呼んでもらえますか。
② I'll **get** Mr. Smith.
　スミスさんを呼んできます。
③ Could you **get** me a porter, please ?
　ポーターを呼んでくれませんか。
④ She has to go and **get** her child from school.
　彼女は子供を学校に迎えに行かなければなりません。

③ 情報を得る、理解する

①情報を手に入れる

I didn't **get** your name.
お名前が聞き取れませんでした。

手に入れるのは物や人とは限らない。ここでは、無形のもの、すなわち「情報」を手に入れる場合を取り上げることにした。「情報を得る、詳細を見る、場所をつきとめる」などを、get を使って言ってみよう。

こんなふうに使います

① I **got** it from her.
それは彼女から聞きました。

② Where can I **get** the city guide?
タウン情報はどこにありますか。

③ You **get** the details on page 7 of this document.
詳細は書類の 7 ページ目をご覧ください。

④ Did you **get** the location?
場所はわかりましたか。

PART 2　どんどん広がる get の世界

get

②理解する

Did you **get** it ?
わかりましたか。

新しい情報を得るのは、「今まで知らなかった事柄を理解する」ためである。「何かをつかむ」と言ってもいいだろう。ここでは、「**理解する、腑に落ちる、わかる**」などの表現を、get を使って言ってみよう。

こんなふうに使います

① Did you **get** me ?
　私の言うことがわかりましたか。

② Nobody **got** his joke.
　誰も彼の冗談が理解できませんでした。

③ I **got** the English lesson easily.
　英語の授業が楽々とわかりました。

④ He didn't **get** what we were talking about.
　私たちが何のことを話していたのか彼にはわかりませんでした。

85

③ 情報を得る、理解する

③誤解する

Please don't **get** me wrong.
私の言っていることを誤解しないでください。

〈get +何か+ wrong〉で、「何かを間違って取り込んでしまう」という意味になる。いったん間違って取り込むと、なかなか修正は難しいから面倒なことになる。「**勘違いする、間違える**」などの表現を、〈get +何か+ wrong〉の形で表してみよう。

こんなふうに使います

① I **got** it wrong.
   私は勘違いしていました。

② I **got** your address wrong.
   私はあなたのアドレスを間違えてしまいました。

③ The teacher **got** his student wrong.
   その先生は生徒を間違えてしまいました。

④ You've **got** your seat wrong.
   席を間違えていますよ。

④ 感情・考えをキャッチする

①印象を受ける、感情をキャッチする

I **got** the impression that he is honest.

彼が正直者だという印象を受けました。

今回は「手に入れる」というより「受ける」のニュアンスに近い。何かの印象を受けるとか、ある感情をキャッチする、といった場合である。「退屈する、びっくりする、ショックを受ける、楽しい」などを、get を使って表現してみよう。

こんなふうに使います

① I **get** the feeling that you are bored with the lecture.
   その講義に退屈されているようですね。

② I **got** a surprise at the noise.
   その音にびっくりしました。

③ I **got** a shock.
   ショックを受けました。

④ She **gets** pleasure from running.
   彼女は走ることが楽しいのです。

④ 感情・考えをキャッチする

②考え・時間がある

I've **got** an idea.
いい考えがあります。

考えはどこかから飛んで来る。それをうまくキャッチすると「思いついた」状態になる。ここでは、「思いつく、アイデアがある、機会がある、時間がある」などの表現を、get を使って言ってみることにしよう。物事はタイミングがとても大事である。

こんなふうに使います

① Where did you **get** that idea?
どこでそんなことを思いついたのですか。

② I've **got** ideas for the event.
イベントについてのアイデアがあるのですが。

③ I didn't **get** a chance to talk to him.
彼と話をする機会がありませんでした。

④ I **get** little time for reading.
本を読む時間がほとんどありません。

⑤ 病気にかかる、うつされる

①症状がある

I've **got** a fever.
熱があります。

思わしくないものを手に入れる場合もある。「手に入れる」というより「よくない状態に陥る」に近いケースである。「頭痛がする、体のどこかが痛い、風邪をうつされる」などを get を使って表してみよう。「願い下げの get」というわけだ。

こんなふうに使います

① I **get** really bad headaches.
　頭痛が本当にひどいです。
② I've **got** a pain here.
　ここが痛いです。
③ I **got** a cold from my son.
　息子に風邪をうつされました。
④ I **got** a stomachahe after I ate that oyster.
　あの牡蠣を食べた後、お腹が痛くなりました。

⑥ 持って行く、連れて行く

①物の場所を移動する

He **got** the car into the garage.
彼は車をガレージに入れました。

この get は「新しい状態を作り出す」と考えると理解しやすいだろう。上の例では、車をガレージに入れた状態を作り出したわけである。「上の階に上げる、箱の中に入れる、食べ物を出す、持って帰る」など、状況は多岐にわたるが、すべて get で言ってみよう。

こんなふうに使います

① I **got** my bed upstairs.
 ベッドを上の階に上げました。
② **Get** the apples into the box.
 リンゴを箱の中に入れなさい。
③ She **got** some food from the fridge.
 彼女は冷蔵庫から食べ物を出しました。
④ How can I **get** this box home ?
 この箱はどうやったら家に持って帰れるでしょうか。

PART 2　どんどん広がる get の世界

get

②送って行く、連れて行く

I'll **get** you back home.
あなたを家まで送って行きますよ。

前項の「物の場所を移動する」の応用で、「誰かを送って行く、連れて行く」という場合だ。つっこんで言えば、「誰かがどこかにいるという状態を作り出す」わけである。「連れ出す、連れて帰る、寝かしつける」などを get を使って言ってみよう。最後の例文は、「どこにも連れて行ってくれない」と理解すればいいだろう。

こんなふうに使います

① I **got** him out of there.
　私は彼をそこから連れ出しました。

② His mother **got** him home.
　母親は彼を連れて帰りました。

③ She **got** her baby to bed.
　彼女は赤ちゃんを寝かしつけました。

④ Further arguing won't **get** you anywhere.
　これ以上議論しても何にもなりません。

⑦ ある状態にする、ある状態になる

①ある状態にする

He **got** me happy.
彼は私を幸せにしました。

文字通り「ある状態にする」という場合である。上の文は、彼は私を幸せな状態にしてくれた、ということ。「怒らせる、支度をさせる、ある気持ちにさせる、面倒な状態にする」などの表現を、getを使って表してみよう。

こんなふうに使います

① He **got** her mad.
　彼は彼女を怒らせました。
② She **got** her children ready for school.
　彼女は子供たちに学校へ行く支度をさせました。
③ This story **gets** me depressed.
　この話を聞くと気持ちがふさぎます。
④ That might **get** us in trouble.
　それはトラブルの原因になるかもしれません。

②物の状態を変える

I **got** the door open.
ドアを開けました。

「ドアを開ける」は「ドアを開いた状態にする」ということだから、get が使えるのである。get は新しい状態を現出する魔法の動詞なのだ。「手を汚す、靴をぬらす、支度をする、使えるように用意する」などを、get を使って表現してみよう。

こんなふうに使います

① The boy **got** his hands dirty.
その少年は手を汚しました。

② He **got** his shoes wet.
彼は靴をぬらしました。

③ I have to **get** dinner ready by six.
6時までに夕食の支度をしておかなくてはなりません。

④ **Get** it ready for use.
それをいつでも使えるようにしておきなさい。

⑦ ある状態にする、ある状態になる

③気持ちがある状態になる

I **got** angry.
私は怒りました。

今度は他動詞的な「ある状態にする」ではなく、自動詞的な「ある状態になる」という場合を取り上げる。「自ら新しい状態に入り込んでいく」わけだ。「〜で心がはずむ、憂鬱になる、心配する、ひらめく」などの表現を、get を使って言ってみよう。

こんなふうに使います

① I **get** excited at the thought of the concert.
　コンサートのことを考えると心がはずみます。

② I **get** low when it rains.
　雨だと憂鬱になります。

③ Don't **get** nervous about it.
　そんなに心配しないでください。

④ I **got** inspired by your words.
　あなたのひと言でひらめきました。

④目に見える変化をきたす

I **got** fat.
太りました。

前項は、幸せになったり心配したりと、心の中の状態をテーマにしていたが、今回は「太る」など、目に見える変化を取り上げることにする。「昇進する、酔っぱらう、結婚する、体調がよくなる」などの変化を、get を使って言ってみよう。

こんなふうに使います

① She **got** promoted.
   彼女は昇進しました。
② He **got** badly drunk.
   彼はひどく酔っぱらいました。
③ I'm going to **get** married soon.
   私は間もなく結婚します。
④ I hope you'll **get** well soon.
   早くよくなりますように。

⑦ ある状態にする、ある状態になる

⑤気象状況が変わる

It's **getting** warmer day by day.

日増しに暖かくなっています。

ここでは視野をぐんと広げて、気象状況に目を向けていこう。「暗くなる、日が短くなる、雨になる」なども、getと相性のよいテーマである。最後の「事態が悪化する」というのも、広い視野から生まれる表現である。

こんなふうに使います

① It's **getting** dark.
   暗くなってきました。
② The days **get** shorter and shorter in fall.
   秋になると日がどんどん短くなります。
③ It will be **getting** rain this weekend.
   週末は雨になるでしょう。
④ Things are **getting** worse and worse.
   事態はますます悪化しています。

get

⑥あることをする状態になる (get to...)

When did you **get** to know her?

彼女とはいつ知り合いになったのですか。

〈get to +動詞の原形〉で、「あることをする状態になる」という意味を表す。少し硬く言えば、「～するに至る」と言ってもいい。「会えるようになる、禁煙する、好きになる、寝つけない」などを、〈get to +動詞の原形〉の形で言ってみよう。

こんなふうに使います

① How can I **get** to see him?
   どうしたら彼に会えますか。
② How did you **get** to quit smoking?
   どうやって禁煙したのですか。
③ You will soon **get** to like him.
   あなたはじきに彼が好きになるでしょう。
④ I couldn't **get** to sleep last night.
   昨晩はなかなか寝つけませんでした。

❽ 到達する

①ある場所に着く

She **got** home at six.
彼女は6時に帰宅しました。

これも「ある場所を手に入れる」というより、「ある場所に着いた状態を手に入れる」と考えると、すんなり頭に入る。「ある場所に行く、ある場所に着く、仕事に来る」などを、get で表してみよう。arrive や reach を使わずにシンプルに表現できるのだ。

こんなふうに使います

① How can I **get** there?
そこへはどうやって行けばいいのですか。

② When did you **get** there?
そこには何時頃着いたのですか。

③ I'll phone you when I **get** to Tokyo.
東京に着いたら電話します。

④ I just **got** to work.
ちょうど今、仕事に来たところです。

get

②(事柄が)〜に至る

The meeting is **getting** nowhere.

会議は一向に進展しないでいます。

前項の「ある場所に着く」の延長に「(事柄が)〜に至る」とか「〜まで進む」という表現がある。「なんとかなる、本のページが進む、関連ページに飛ぶ」などを、getを使って表現してみよう。

こんなふうに使います

① He will **get** somewhere since he works very hard.
  彼はがんばり屋だから、なんとかなるでしょう。

② I won't **get** anywhere on my own.
  私ひとりではどうしようもありません。

③ I've only **got** to page 3.
  3ページまでしか進みませんでした。

④ Click on the hyperlink and you can **get** the related page.
  ハイパーリンクをクリックすれば関連ページに行けます。

⑨ 間に合う、乗る

①乗り物に間に合う

I **got** the train at eight.
8時の電車に間に合いました。

これも「電車を手に入れる」というより、「電車に乗った状態を手に入れる」と考えると理解しやすいだろう。なお、getには乗り物に関係した動詞句があり、get in 〜は「〜に乗る」、get into 〜は「〜に乗り込む」という意味である。

こんなふうに使います

① We have to go quickly to **get** the last train.
   急いで行かないと終電に間に合いません。
② I got up early to **get** the first train.
   始発に間に合うように早く起きました。
③ He just **got** that train.
   彼はかろうじてその電車に間に合いました。
④ I **got** the last train for Tokyo.
   東京行きの最終電車に間に合いました。

PART 2　どんどん広がる get の世界

get

②乗り物を利用する

Let's **get** a bus.
バスで行きましょう。

「乗り物を利用する、乗り物に乗る」という時に、get がよく使われる。「**タクシーを使う、タクシーに乗る、電車に乗る**」などを get を使って言ってみよう。最後の「(バスを) 降りる」は get off という動詞句を使う。この例から、get は単純に「乗る」という意味ではなく、「乗り物に対して新しい状態になる」ことであることがわかる。

こんなふうに使います

① I **got** a taxi.
　タクシーで来ました。

② Where can I **get** a taxi ?
　タクシーに乗りたいのですが。

③ I **got** the wrong train.
　間違った電車に乗ってしまいました。

④ I'm **getting** off !
　(バスで) 降ります！

101

⑩ (人など)に〜させる、(人など)に〜される

①(人など)に〜させる (get + O + to + 動詞の原形)

Let's **get** the baby to sleep.
赤ちゃんを寝かしつけましょう。

get は have と同様に「使役動詞」として使われるが、〈get + O + to + 動詞の原形〉の形を取る。to を伴うところが、他の使役動詞 (have, make, let) と大きく違う点である。これは、get に「説得して〜させる」というニュアンスがあるからだと理解すればいい。その気のないものをその気にさせる魔法が、get にはあるのだ。

こんなふうに使います

① She **got** her son to do his homework before supper.
   彼女は夕食前に息子に宿題をさせました。

② She **got** me to come with her.
   彼女は私を無理やり連れて行きました。

③ I'll **get** him to cook.
   私は彼に料理を作ってもらいます。

④ **Get** him to sign the paper.
   彼にその書類に署名させなさい。

PART 2　どんどん広がる get の世界

get

②(人など)に〜してもらう(get＋O＋過去分詞)

He **got** his shirt washed.
彼はシャツを洗ってもらいました。

〈get＋O＋過去分詞〉の形で、「Oを〜してもらう」という意味になる。「〜してもらった状態を作り出す」ということである。「**髪を切ってもらう、時計を修理してもらう、体を調べてもらう、家を建築してもらう**」などを、〈get＋O＋過去分詞〉の形で言ってみよう。

こんなふうに使います

① I **got** my hair cut.
　髪を切ってもらいました。

② I **got** my watch repaired.
　時計を修理してもらいました。

③ You should **get** your eyes examined.
　目を調べてもらったほうがいいですよ。

④ I'm **getting** a new house built.
　家を新築中です。

103

⑩ (人など)に〜させる、(人など)に〜される

③ (人など)に〜される (get +過去分詞)

He **got** scolded by his mother.

彼は母親に叱られました。

〈get +過去分詞〉で、「やむなくある状態になる」という意味を表す。get の最も「消極的」な用法と言えるだろう。「にわか雨にあう、渋滞に巻き込まれる、かかわる、違反で捕まる」などの状況を〈get +過去分詞〉の形で表現してみよう。

こんなふうに使います

① I **got** caught in the shower on the way home.
   家に帰る途中にわか雨にあいました。

② We **got** caught in traffic.
   私たちは渋滞に巻き込まれました。

③ Don't **get** involved in their quarrel.
   彼らのけんかにかかわるな。

④ You'll **get** arrested for speeding.
   スピード違反で捕まりますよ。

get

④(人など)に困ったことをされる(get＋過去分詞)

My car **got** stolen.
車が盗まれてしまいました。

これも〈get＋過去分詞〉の形だが、「消極的」を通り越して「悲惨」な状況を手に入れた場合である。「ドアが壊される、ドアにはさまれる、台風に襲われる、水道管が凍る」を、前項と同様、〈get＋過去分詞〉の形を使って表現してみよう。

こんなふうに使います

① The door **got** broken.
ドアが壊されました。

② My fingers **got** trapped in the door.
指がドアにはさまれてしまいました。

③ My house **got** hit by typhoon.
家が台風に襲われました。

④ The water pipes **got** frozen overnight.
水道管が夜間に凍ってしまいました。

get 使いまくりの英会話 ①

　　——クラブの友だちとの会話

A : I hear your mother's **got** a bad cold. How is she now ?

B : Well, I think she's **getting** better now.

A : I hope she'll **get** well soon.

B : Thank you.

A : By the way, did you **get** my e-mail last night ?

B : Sorry, I haven't seen it yet. What was it about ?

A : Our club members will **get** together on Sunday evening. Can you come ?

B : Let me check my schedule. I'll call you later.

【和訳】
A：お母さんがひどい風邪をひいたんだって？　具合はどう？
B：ええ、もうよくなってきてると思うんだけど。
A：すぐによくなるといいね。
B：ありがとう。
A：ところで、ゆうべメール送ったの見た？
B：ごめんなさい、まだ見てないわ。何のことだったの？

A：日曜の晩にクラブの部員みんなで集まるんだ。来れる？

B：ちょっとスケジュールを見てみるわ。あとで電話するね。

▶▶ get にフォーカス!!

① I hear your mother's **got** a bad cold.　has got は has と同じ。

② I think she's **getting** better now.　〈get better〉は「(体調が) よくなる」。

③ I hope she'll **get** well soon.　〈get well〉は「回復する」。

④ ... did you **get** my e-mail last night ?　この get は「受け取る」の意。

⑤ Our club members will **get** together...　〈get together〉は「集まる、会う」。

get 使いまくりの英会話②

――ある家庭での会話

A：Will you tell me how to **get** to Haneda Airport?
B：Let me see... I think you can take the bus straight there.
A：How long does it take to **get** there?
B：About 2 hours, I guess.
A：2 hours!
B：By train, you have to change trains twice.
A：I see. I'll **get** some information on the Internet. Thanks anyway.
B：You're welcome.

【和訳】
A：羽田空港への行き方を教えてくれる？
B：ええと……、直接バスに乗って行けると思うんだけど。
A：どのくらいかかる？
B：たぶん2時間くらいかな。
A：2時間だって！
B：電車だと、2回も乗り換えないといけないんだ。
A：そうか。インターネットで調べてみるよ。でもありがとう。
B：どういたしまして。

PART 2　どんどん広がる get の世界

▶▶ get にフォーカス!!
① ... how to **get** to Haneda Airport ?　〈get to ～〉は「～に着く」。
② How long does it take to **get** there ?　①と同じ。
③ I'll **get** some information on the Internet.　この get は「手に入れる、得る」。

〈get a ＋名詞〉の華麗な世界

本文の中で get a letter, get a call, get a victory, get a job, get a good education など、〈get a ＋名詞〉の表現をいろいろ学んだ。ここにそのほかの例を集めてみたが、〈get a ＋名詞〉がこんなに使いでがあるとは、オドロキではないだろうか。

get a better understanding（理解を深める）
get a break（幸運をつかむ）
get a clue（手掛かりをつかむ）
get a contract（契約を取りつける）
get a feeling（そんな気がする）
get a fine（罰金を食らう）
get a goal（1点を得る、ゴールを決める）
get a heavy discount（大幅に割引してもらう）
get a hold（握る）
get a hug（抱き締められる）
get a joke（冗談がわかる）
get a laugh（笑いを取る、笑わせる）
get a lot of fun（大いに楽しむ）
get a mail（郵便物を受け取る、手紙が来る）
get a nod（同意［承諾］を得る）
get a prize（受賞する）
get a problem（困ったことになる）
get a receipt（領収書をもらう）
get a refund（払い戻しを受ける）
get a reservation（予約を取る）

PART 2　どんどん広がる get の世界

get a result（結果を出す）
get a sentence（判決を受ける）
get a shot（注射をする）
get a stomachache（腹痛を起こす）
get a surprise（びっくりする）
get a taste（味をしめる、味を覚える）
get a taxi（タクシーをつかまえる）
get a thrill（興奮［スリル］を得る）
get a transfer（転勤になる）
get a visit（訪問を受ける）
get a wrong answer（間違った答えを出す）

PART 3

どんどん広がる **take** の世界

● take のつかまえ方

　基本動詞の中で、最も積極的なのが take だ。get は「こんな状態になった」と、意外に積極性に欠けるところもあったが、take は「**自らの意志で手を伸ばしてつかむ、獲得する**」という意味。早い話、give and take とは言うが、give and get とは決して言わない。

　ものに手を伸ばす時には、必ず選択が働く。例えば、**take** the opportunity と言えば「機会をつかむ」ということ。自分にとって好都合なチャンスを間髪いれずつかむのが take なのだ。

　つかんだまま移動すると「持って行く、連れて行く」の意味になる。タクシーで、**Take** me to this address.(この住所に行ってください)と言うのは、私をつかんだまま（車に乗せたまま）ここに移動してくれ、ということである。

　日常会話では、「時間がかかる」という意味の take もよく使われる。「時間をとる」と理解すれば、take が使われる理由がわかるだろう。It **took** four months to learn to drive.と言えば、「運転を覚えるのに4か月かかった」という意味だ。

　では、次ページの『take の「意味の見取り図」』を使って、take の全貌を鳥瞰することから始めよう。

PART 3　どんどん広がる take の世界

take の「意味の見取り図」

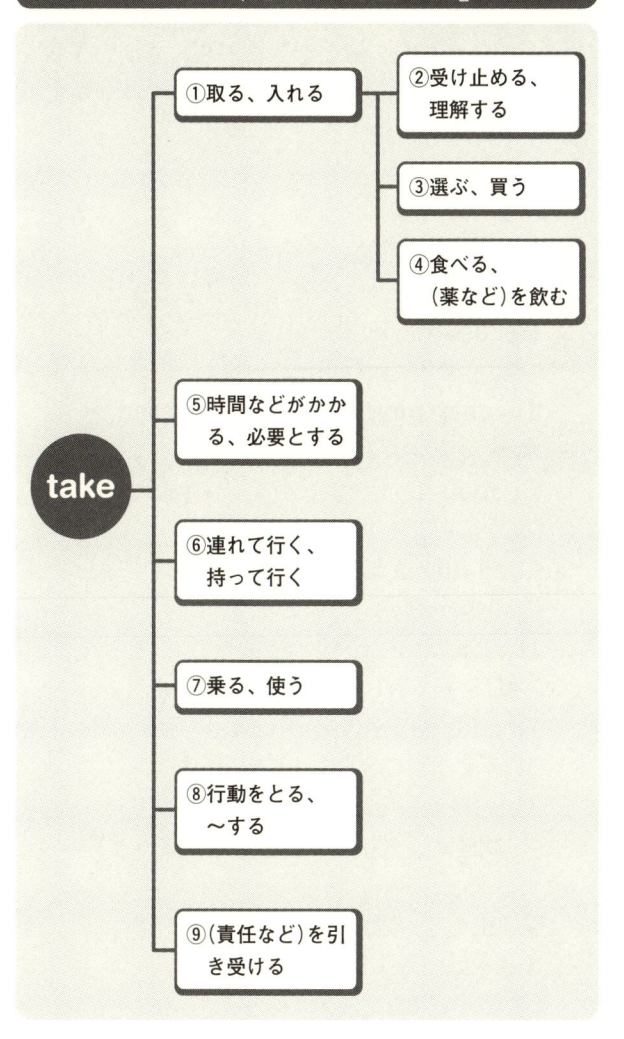

take
- ① 取る、入れる
  - ② 受け止める、理解する
  - ③ 選ぶ、買う
  - ④ 食べる、（薬など）を飲む
- ⑤ 時間などがかかる、必要とする
- ⑥ 連れて行く、持って行く
- ⑦ 乗る、使う
- ⑧ 行動をとる、〜する
- ⑨ （責任など）を引き受ける

●これが take の世界だ！

では、前ページの『take の「意味の見取り図」』に沿って、代表的な例文を見ながら、本文の予習をしておこう。これが本書で扱う take の全貌である。

(1) 取る、入れる
　① She **took** a glass from the shelf.
　　（彼女は棚からコップを 1 個取りました）
　② He **took** me by the arm.
　　（彼は私の腕をつかみました）
　③ The thief **took** a bag from her hand.
　　（泥棒は彼女の手からバッグを奪いました）
　④ He **took** the first prize in the race.
　　（彼は競走で 1 等賞を取りました）
　⑤ Can I **take** a message ?
　　（伝言をうかがいましょうか）
　⑥ Do you **take** credit cards ?
　　（クレジットカードは使えますか）
　⑦ I'll **take** 30 cents for that call you made.
　　（電話代として 30 セントもらいます）
　⑧ This theater can **take** 500 people.
　　（この劇場は 500 人の観客を収容できます）

(2) 受け止める、理解する
　① **Take** it easy.
　　（気楽にやりなさいね）

PART 3　どんどん広がる take の世界

② I **take** your point.
　（あなたの言いたいことはわかります）
③ I **take** it as a compliment.
　（私はそれをお世辞だと思います）
④ I **take** him to be an honest man.
　（彼は正直な男だと思います）
⑤ I **take** it that he has an alibi.
　（彼にはアリバイがあるものと考えます）
⑥ She **takes** pride in her appearance.
　（彼女は容姿に誇りを持っています）

(3)　選ぶ、買う
① **Take** whichever you like.
　（どちらでも好きなほうを取ってください）
② He **took** history at college.
　（彼は大学で歴史を履修しました）
③ They **took** two tickets for the play.
　（彼らはその劇の切符を2枚買いました）
④ What newspaper do you **take**?
　（新聞は何を取っているのですか）

(4)　食べる、（薬など）を飲む
① We **took** dinner about seven.
　（私たちは7時頃夕食をとりました）
② **Take** this medicine three times a day.
　（1日3回この薬を飲みなさい）
③ Don't **take** too much sugar.

(砂糖を摂り過ぎないように)

(5) 時間などがかかる、必要とする
① The job **takes** time.
(その仕事は時間がかかります)
② I **took** six months to write this novel.
(この小説を書くのに6か月かかりました)
③ It **takes** ten minutes to walk to the station.
(駅まで歩いて10分かかります)
④ It **took** him three days to read the book.
(彼がその本を読むのに3日かかりました)
⑤ It **takes** teamwork.
(それはチームワークを必要とします)

(6) 連れて行く、持って行く
① I'd be glad to **take** you there.
(そこまで連れて行ってあげますよ)
② I'll **take** you around.
(あちこち案内してあげましょう)
③ **Take** your umbrella with you.
(傘を持って行きなさい)
④ This bus **takes** you to the city.
(このバスに乗ればその街に行けます)

(7) 乗る、使う
① I **took** a taxi.
(タクシーを使いました)

② Let's **take** the freeway.
（高速道路で行きましょう）

---

(8) **行動をとる、〜する**
① **Take** a bath right now.
（すぐにお風呂に入りなさい）

(9) **（責任など）を引き受ける**
① She **takes** responsibility for this work.
（彼女はこの仕事について責任があります）
② He **took** chairmanship of the committee.
（彼は委員会の議長になりました）

では、「意味の見取り図」の順番にしたがって、次ページから、take の使い方を詳しく学んでいくことにしよう。

① 取る、入れる

①手を伸ばして取る

She **took** a glass from the shelf.

彼女は棚からコップを1個取りました。

「手を伸ばして取る」という基本語義にいちばん近い使い方の take だ。手を使って「ハンカチを取り出す、リンゴを手に取る、あれを取ってください」などの表現を take を用いて表してみよう。

こんなふうに使います

① She **took** a handkerchief out of her pocket.
   彼女はポケットからハンカチを取り出しました。

② She **took** an apple in her hand.
   彼女はリンゴをひとつ手に取りました。

③ Would you **take** that ?
   あれを取ってくれませんか。

④ **Take** one.
   ひとつお取りください。

take

②つかむ、捕まえる

He **took** me by the arm.
彼は私の腕をつかみました。

「手に取る」の意味を広げると、「つかむ、捕まえる、手を取る、抱く」などを表すことができる。「赤ちゃんを抱きしめる、ワナで捕まえる」などを、take を使って言ってみよう。

こんなふうに使います

① He **took** a fox in a trap.
　彼はワナでキツネを捕らえました。
② My little brother **took** my hand when we crossed the road.
　弟は通りを渡るとき私の手につかまりました。
③ She **took** him by the hand.
　彼女は彼の手を取りました。
④ She **took** her baby in her arms.
　彼女は赤ちゃんを抱きしめました。

① 取る、入れる

③奪う、取り除く

The thief **took** a bag from her hand.

泥棒は彼女の手からバッグを奪いました。

「手に取る」に動きが加わると、「奪う」などの意味になる。
「絵を壁から取り除く、命が奪われる、辞書を持って行く」
などの表現を、take を使って表してみよう。

こんなふうに使います

① The painting was **taken** from the wall.
その絵は壁から取り除かれました。

② The accident **took** his life.
その事故で彼の命が奪われました。

③ Who has **taken** my dictionary?
私の辞書を持って行ったのは誰ですか。

④ If you **take** six from ten, you have four.
10 ひく 6 は 4 です。

PART 3　どんどん広がる take の世界

take

④取得する、獲得する

He **took** the first prize in the race.
彼は競走で1等賞を取りました。

具体的に「手に取る」わけではなく、抽象的に「取得する、獲得する」などの意味の場合だ。「金メダルを取る、修士号を取る、試合に勝つ、20％の得票がある」などを、take を使って言ってみよう。

こんなふうに使います

① She **took** a gold medal at the Olympic Games.
彼女はオリンピックで金メダルを取りました。

② My brother **took** his master's degree in linguistics.
弟は言語学で修士号を取りました。

③ We **took** the second game, too.
我々は第2試合にも勝ちました。

④ The Communist Party **took** 5 percent of the vote.　共産党は5％の得票がありました。

123

① 取る、入れる

⑤伝言や指示を受ける

Can I **take** a message ?
伝言をうかがいましょうか。

take a message は日本語的には、わかりにくい表現かもしれないが「伝言を受ける→うかがう」と考えれば理解できるだろう。このほか「指示を受ける、警告・忠告に従う、申し出を受ける」などの表現を、take を使って言ってみよう。

こんなふうに使います

① They **took** directions.
   彼らは指示を受けました。

② He **took** the warning.
   彼は警告に従いました。

③ She won't **take** my advice.
   彼女は私の忠告に従おうとしません。

④ I am willing to **take** your offer.
   あなたの申し出をお受けします。

124

take

⑥カードなどを受け入れる

Do you **take** credit cards?
クレジットカードは使えますか。

「(私は)クレジットカードは使えますか」という質問は、主語を you に切り替えて、「(あなたは)クレジットカードを受け入れますか」のように表す。この意味の take を使って「百円硬貨しか使えない、犬は受け入れない、女子しか受け入れない」などを表現してみよう。

こんなふうに使います

① We **take** traveler's checks.
   トラベラーズチェックはお使いいただけます。

② This vending machine **takes** only hundred-yen coins.
   この販売機は百円硬貨しか使えません。

③ This hotel does not **take** dogs.
   このホテルは犬は受け入れません。

④ This club **takes** only girls.
   このクラブは女子しか入れません。

① 取る、入れる

⑦代金を受け取る

I'll **take** 30 cents for that call you made.
電話代として 30 セントもらいます。

店が客から代金を受け取るという場合も take を使う。give and take の take と考えればわかりやすいだろう。このほか「5 ドル受け取る、一銭も受け取らない、賃金を稼ぐ」などの類例を、take を使って言ってみよう。

こんなふうに使います

① He **took** five dollars for the use of his car.
　彼は車の使用料として 5 ドル受け取りました。

② What will you **take** for it?
　いくらで売りますか。

③ She didn't **take** any money for her help.
　彼女は手伝ってくれたのにお礼を一銭も受け取りませんでした。

④ He **takes** 400 dollars a week in wages.
　彼は週 400 ドルの賃金を稼ぎます。

PART 3　どんどん広がる take の世界

take

⑧入れられる、収容できる

This theater can **take** 500 people.

この劇場は 500 人の観客を収容できます。

「取る→受け取る→受け入れ(て取)る」というように意味を拡大していけば、今回の take が理解できるだろう。「受け入れる」は、「入れられる、収容できる」という意味に応用できる。「**乗客が何人乗れる、水が入る、本をのせられる、新入生を何人入れる**」などの表現を、take を使って言ってみよう。

こんなふうに使います

① How many passengers can this bus **take**?
　このバスには何人の乗客が乗れますか。

② How much water does this bottle **take**?
　この瓶には水がどれくらい入りますか。

③ The shelf won't **take** any more books.
　その棚にはもう本をのせられないでしょう。

④ How many new students will the school **take**?
　その学校は新入生を何人受け入れるでしょうか。

② 受け止める、理解する

①考えや価値観を受け止める

Take it easy.
気楽にやりなさいね。

「ものを受け取る」場合ではなく「考えや価値観を受け止める」場合だ。「気楽にやる」は「気楽なものと受け取る」ということ。このほか「真剣に受け止める、文字どおりに受け止める」などの表現を、take を使って言ってみよう。

こんなふうに使います

① I **took** it seriously.
   私はそれを真剣に受け止めました。

② I didn't **take** the loss too hard.
   負けてもそれほどがっかりしませんでした。

③ Don't **take** driving lightly.
   運転をあまり甘く見ないほうがいいですよ。

④ You should not **take** it literally.
   それを文字どおりに受け止めるべきではありません。

take

②理解する

I **take** your point.
あなたの言いたいことはわかります。

「受け止める」の延長上に「理解する」という意味がある。「言わんとするところを理解する、ピンとくる、額面どおりに受け取る」などの表現を、take を使って言ってみよう。

こんなふうに使います

① I **took** his meaning.
   彼の言わんとするところを理解しました。
② You can **take** my word.
   私の言うことを信用してください。
③ He **took** my hint.
   彼は私がそれとなく匂わしたことにピンときました。
④ She always **takes** my words at face value.
   彼女は私が言うことをいつも額面どおりに受け取ります。

② 受け止める、理解する

③〜ととる、〜と解釈する

I **take** it as a compliment.
私はそれをお世辞だと思います。

「お世辞ととる」か「賞賛ととるか」で印象はまるで違ってしまう。今回の take は「〜ととる」という意味で使われる場合だ。「侮辱と考える、賞賛ととる、悪くとる」などの表現を、take を使って言ってみよう。

こんなふうに使います

① He **took** her remark as an insult.
   彼は彼女の言葉を侮辱と考えました。
② I **took** her words as praise.
   私は彼女の言葉を賞賛だととりました。
③ **Take** things as they are.
   物事をあるがままに受け取りなさい。(ことわざ)
④ He **took** it ill.
   彼はそれを悪くとりました。

take

④人を〜だと思う、〜と判断する

I **take** him to be an honest man.
彼は正直な男だと思います。

「人を〜だと思う、〜と判断する」という take である。〈take ＋人＋〜〉の形をとる。では、「信用できる人と思う、彼の弟だと思う、真に受ける」などの表現を、〈take ＋人＋〜〉の形を使って言ってみよう。

こんなふうに使います

① I **took** her for a trustworthy woman.
　私は彼女を信用できる女性だと思いました。
② We **took** the boy to be his little brother.
　私たちはその少年が彼の弟だと思いました。
③ Do you **take** me for a fool ?
　私をばかだと思っているのですか。
④ I **took** his words to be true.
　彼の話を真に受けました。

② 受け止める、理解する

⑤〜であると思う（take it that ＋文）

I **take** it that he has an alibi.
彼にはアリバイがあるものと考えます。

〈take it that ＋文〉の形で、「〜であると思う」という意味で使われる。文法的に説明すると、it は後ろの that 以下を受ける仮の目的語ということになる。では、「ご存知ですね、〜と思っている、〜でしょう」などのケースを、〈take it that ＋文〉の形を使って言ってみよう。

こんなふうに使います

① I **take** it that you don't want to go.
あなたは行きたくないんですね。

② I **take** it that you already know about his promotion.
彼の昇進の話はもうご存知ですよね。

③ We **take** it that he is satisfied.
彼は満足していると私たちは思っています。

④ I **take** it that you like Italian food.
あなたはイタリア料理がお好きでしょう。

PART 3　どんどん広がる take の世界

take

⑥誇りに思うなど (take ＋名詞＋ in ～)

She **takes** pride in her appearance.

彼女は容姿に誇りを持っています。

今回は〈take ＋名詞＋ in ～〉の形で「～に誇りを持っている」などと表す場合だ。「喜びを感じる、興味を持つ、怒りを覚える」などを〈take ＋名詞＋ in ～〉の形を用いて言ってみよう。④だけは、in ではなく at を使って表す。

こんなふうに使います

① She **takes** delight in her life.
　彼女は人生に喜びを感じています。

② I **take** little interest in these subjects.
　こうした問題にはあまり興味が持てません。

③ She **takes** pride in her work.
　彼女は自分の仕事に誇りを持っています。

④ I **took** offense at his bad manners.
　彼の不作法な振る舞いに怒りを覚えました。

133

③ 選ぶ、買う

①選ぶ

Take whichever you like.
どちらでも好きなほうを取ってください。

take はもともと「自らの意志で手を伸ばしてつかむ、獲得する」という意味を持つ動詞だが、それに近いのが今回の take。「好きなほうを取る」は「好きなほうを選ぶ」ということだ。「どちらを選びますか、気に入ったものを選ぶ、ベストスリーを選ぶ」などを、take を使って表してみよう。

こんなふうに使います

① Which will you **take**, this one or that one?
あなたはこれとあれのどちらを選びますか。

② He **took** what he liked most.
彼はいちばん気に入ったものを選びました。

③ We **took** his name from a list of applicants.
私たちは志願者リストの中から彼の名前を選びました。

④ They **took** the best three.
彼らはベストスリーを選びました。

PART 3　どんどん広がる take の世界

take

②履修する

He **took** history at college.
彼は大学で歴史を履修しました。

前項の「選ぶ」の延長上に「履修する」とか「授業を受ける」という場合がある。「レッスンを受ける、試験を受ける、生物を取る」などの表現を、take を使って表してみよう。

こんなふうに使います

① She **took** piano lessons.
彼女はピアノのレッスンを受けました。

② I have to **take** an examination in history tomorrow.
明日歴史の試験を受けなければなりません。

③ He **took** an exam to study in the U.S.
彼はアメリカで勉強するため試験を受けました。

④ She's **taking** biology this year.
彼女は今年は生物を取っています。

③ 選ぶ、買う

③ものを買う

They **took** two tickets for the play.
彼らはその劇の切符を2枚買いました。

きちんと代金を払って受け取る場合、つまり「ものを買う」場合の take だ。「これをください、家を買いました、安いほうにします」などを、buy ではなく take を使って表してみよう。

こんなふうに使います

① I'll **take** this one.
   これをください。
② I'll **take** that red one, please.
   あの赤いのをください。
③ We **took** the house for 20,000 dollars.
   2万ドルでその家を買いました。
④ I'll **take** the cheaper one.
   安いほうにします。

PART 3　どんどん広がる take の世界

take

④代金を払って購読する、予約する

What newspaper do you **take**?

新聞は何を取っているのですか。

契約して「新聞を取る」とか、「代金を払って予約する」という場合の take だ。「席を予約する、アパートを借りる、海の家を借りる」などを、take を使って表してみよう。

こんなふうに使います

① He **takes** three newspapers.
　彼は新聞を3紙取っています。

② My father **took** a box at the opera.
　父はオペラのボックスシートを予約しました。

③ We **took** a small flat in London.
　私たちはロンドンで小さなアパートを借りました。

④ I'm going to **take** a beach house for a month.
　海の家を1か月借りるつもりです。

137

④ 食べる、(薬など) を飲む

①食事をとる

We **took** dinner about seven.

私たちは7時頃夕食をとりました。

日本語でも「夕食をとる」と表現するので、この take の用法は、そんなに違和感はないと思う。このほか「コーヒーを飲む、昼食をとる、食事をする」などの表現を、take を使って言ってみよう。

こんなふうに使います

① Let's **take** a cup of coffee.
　コーヒーを飲みましょう。

② I **took** a lunch of fish and chips.
　フィッシュ&チップスの昼食をとりました。

③ He **takes** four meals a day.
　彼は1日に4度食事をします。

④ How do you **take** your coffee ?
　コーヒーはどのようにして飲みますか。

PART 3　どんどん広がる take の世界

take

②薬を飲む、服用する

Take this medicine three times a day.

1日3回この薬を飲みなさい。

「飲み物を飲む」の延長に「薬を飲む」場合がある。最初に take は積極的な動詞だ、という話をしたが、薬は病気を治すために積極的に飲むものだ。もちろん液体の薬にも固形の薬にも使える。「**アスピリンを飲む、2錠飲む、ビタミン剤を飲む**」などの表現を、take を使って表してみよう。

こんなふうに使います

① I must **take** an aspirin before going to bed.
寝る前にアスピリンを飲まなくてはなりません。

② **Take** two tablets after each meal.
毎食後2錠飲みなさい。

③ Why don't you **take** some cough medicine ?
咳止めの薬を何か飲んだらどうですか。

④ I **take** vitamins every night.
毎晩ビタミン剤を飲みます。

139

④ 食べる、(薬など)を飲む

③食物を摂取する

Don't **take** too much sugar.
砂糖を摂り過ぎないように。

「栄養を摂る」の「摂る」に近いのが、この表現。「摂取する」という日本語に該当する。「コーヒーに砂糖を入れる、塩分の多い食物を摂る、新鮮な空気を吸う」などを、takeを使って表してみよう。

こんなふうに使います

① I don't **take** sugar in my coffee.
　コーヒーに砂糖を入れません。

② You had better avoid **taking** salty food.
　塩分の多い食物を摂るのは避けたほうがいいです。

③ My baby started to **take** solid food.
　私の赤ちゃんは固形の食物を食べはじめました。

④ She **took** a breath of fresh air.
　彼女は新鮮な空気を吸いました。

PART 3　どんどん広がる take の世界

⑤ 時間などがかかる、必要とする

①時間がかかる（物が主語）

The job **takes** time.
その仕事は時間がかかります。

日本語でも「時間をとる」という言い方をするので、この take も違和感はないはず。「映画が3時間かかる、たいして時間がかからない、洗車に1時間かかる」などの例を、take を使って表してみよう。

こんなふうに使います

① The movie **took** three hours.
その映画は3時間かかりました。

② That survey might **take** time to complete.
その調査は完成するのにかなり時間がかかるかもしれません。

③ It won't **take** you long.
大して時間はかかりませんよ。

④ Washing the car **took** me an hour.
車を洗うのに1時間かかりました。

141

⑤ 時間などがかかる、必要とする

②時間がかかる（人が主語）

I **took** six months to write this novel.

この小説を書くのに6か月かかりました。

前項の take は「物」が主語だったが、今回は「人」が主語となる。〈I took + 期間〉で「私は、これこれの時間がかかった」というわけだ。このほか「一日中洗濯をする、時間をかけるな、ごゆっくり」などの例を、take を使って表してみよう。

こんなふうに使います

① How long did you **take** to do the job?
　その仕事にどれだけ時間がかかりましたか。

② I **took** all day to do my laundry.
　一日中洗濯をしていました。

③ Don't **take** so long.
　そんなに時間をかけないでください。

④ Please **take** your time.
　ごゆっくり。

PART 3　どんどん広がる take の世界

take

③時間がかかる（It takes ＋期間）

It **takes** ten minutes to walk to the station.
駅まで歩いて 10 分かかります。

今回は〈It takes ＋期間〉のように、It を主語にした言い方を学ぼう。日常会話でもよく使われる表現法だ。このほか「マスターするのに長時間かかる、税関を通るのに時間がかかる」などを〈It takes ＋期間〉のパターンを使って言ってみよう。

こんなふうに使います

① It **takes** a long time to master a foreign language.
外国語をマスターするには長時間かかります。

② It **took** a long time to get through customs.
税関を通るのにすごく時間がかかりました。

③ It **took** two hours to get home last night.
ゆうべは家に帰るのに 2 時間かかりました。

④ How long will it **take**?
どのくらい時間がかかりますか。

⑤ 時間などがかかる、必要とする

④ It takes ＋期間（誰々にとって）

It **took** him three days to read the book.

彼がその本を読むのに3日かかりました。

今回は、前回と同様 It を主語にしているが、〈It took him ＋期間〉のように「誰々にとって」を明記しているところが違う。同様のパターンを使って、「問題を解くのに1時間かかる、慣れるのに1か月かかる」などの文を言ってみよう。

こんなふうに使います

① It **took** her an hour to solve the problem.
　彼女がその問題を解くのに1時間かかりました。

② It **took** me longer than I expected.
　思ったよりも長く時間がかかってしまいました。

③ It **took** us eight hours to drive from here to Tokyo.
　ここから東京へ車で行くのに8時間かかりました。

④ It **took** me a month to adjust to my new surroundings.
　新しい環境に慣れるのに1か月かかりました。

PART 3　どんどん広がる take の世界

take

⑤必要とする

It **takes** teamwork.
それはチームワークを必要とします。

ここまで「時間がかかる」という表現を見てきたが、今回は「〜が必要だ」という文を集めてみた。「これこれの時間が必要だ」の延長と考えれば、難しくないだろう。「**勇気がいる、説明を要する、場所をとる、電池を2本使う**」などを、〈It takes + 必要なこと〉と同じパターンを使って表してみよう。

こんなふうに使います

① It **takes** courage to do that.
それをするには勇気がいります。

② That will **take** some explaining.
それは多少の説明を必要とするでしょう。

③ This table **takes** much room.
このテーブルは場所をとります。

④ My camera **takes** two batteries.
私のカメラは電池を2本使用します。

145

⑥ 連れて行く、持って行く

①連れて行く

I'd be glad to **take** you there.

そこまで連れて行ってあげますよ。

最初の take の説明の中で、つかんだまま移動すると「持って行く、連れて行く」の意味になる、と書いた。ここでは「(人を) 連れて行く」の意味の take を取り上げる。「家まで送る、ドライブに連れて行く、犬を散歩に連れて行く」などの表現を、take を使って言ってみよう。

こんなふうに使います

① I'll **take** you home in my car.
私の車であなたを家まで送ります。

② I **took** my son for a drive.
息子をドライブに連れて行きました。

③ Let's **take** the dog for a walk.
犬を散歩に連れて行きましょう。

④ She **took** the kids to see a movie.
彼女は子供たちを映画を見に連れて行きました。

PART 3　どんどん広がる take の世界

take

②案内する、〜をしに連れて行く

I'll **take** you around.

あちこち案内してあげましょう。

「(人を) 連れて行く」という take の続きだ。何かの目的をもって、ある場所に連れて行く場合で、「案内する」ケースも含む。「部長のところまで案内する、スキーに連れて行く、買い物に連れて行く」などの表現を、take を使って言ってみよう。

こんなふうに使います

① Let me **take** you to see the manager.
部長のところまでご案内しましょう。

② His father **took** him skiing last Sunday.
彼の父はこの前の日曜日に彼をスキーに連れて行きました。

③ My mother **took** me shopping yesterday.
母はきのう私を買い物に連れて行ってくれました。

④ I'm **taking** my daughter swimming this afternoon.
私は今日の午後娘を泳ぎに連れて行くつもりです。

⑥ 連れて行く、持って行く

③持って行く

Take your umbrella with you.
傘を持って行きなさい。

今度は「(人を) 連れて行く」ではなく「(物を) 持って行く」場合だ。「上着を持って行く、スーツケースを部屋までお持ちする、仕事を持ち帰る」などの表現を、take を使って言ってみよう。

こんなふうに使います

① **Take** your coat with you.
   上着を持って行きなさい。

② I'll **take** your suitcase to your room.
   スーツケースをお部屋までお持ちしましょう。

③ **Take** your father a cup of coffee.
   お父さんにコーヒーを持って行きなさい。

④ She **took** some work home.
   彼女は仕事を少し家に持ち帰りました。

PART 3　どんどん広がる take の世界

take

④乗り物が人を〜に連れて行く

This bus **takes** you to the city.

このバスに乗ればその街に行けます。

「連れて行く」の応用表現に、「乗り物が人を〜に連れて行く」という言い方がある。上の文では「バスが街に連れて行く→バスに乗れば街に行ける」という訳し方をしている。主語は乗り物とは限らない。「この道を行けば駅に出る、この列車に乗れば博物館に行ける、仕事でニューヨークに行く」などの表現を、take を使って言ってみよう。

こんなふうに使います

① This road **takes** you to the station.
　この道を行けば駅に出ます。

② Will this train **take** me to the museum ?
　この列車に乗れば博物館に行けますか。

③ His business **takes** him to New York twice a year.
　彼は仕事で年 2 回ニューヨークへ行きます。

④ His diligence **took** him to the top of his class.
　彼はよく勉強してクラスの 1 番になりました。

⑦ 乗る、使う

①乗り物に乗る、乗り物を使う

I **took** a taxi.
タクシーを使いました。

乗り物を使う、乗り物に乗るという時に、take をよく使う。「地下鉄で通勤する、新幹線で行く、エレベーターで行く」などを、take を使って言ってみよう。④の「バスを間違える」は「間違ったバスに乗る」と表す。

こんなふうに使います

① I **take** the subway to work.
   私は地下鉄で通勤しています。
② We're going to **take** a bullet train to Kobe.
   神戸まで新幹線で行くつもりです。
③ **Take** the elevator to the seventh floor.
   7階へはエレベーターで行きなさい。
④ I **took** the wrong bus.
   バスを間違えてしまいました。

PART 3　どんどん広がる take の世界

take

②ある道をとる・選ぶ

Let's **take** the freeway.
高速道路で行きましょう。

「ある道をとる、道を選ぶ」という時にも take が使われる。「近道で行く、次の角を左折する」などを、take を使って言ってみよう。

こんなふうに使います

① Which way shall we **take**?
　どちらの道にしましょうか。

② Let's **take** the shortcut.
　近道で行きましょう。

③ They **took** the shortest way home.
　彼らは最も近い道を通って家に帰りました。

④ **Take** a left at the next corner.
　次の角を左折しなさい。

⑧ 行動をとる、〜する

①ある行動をとる (take a ＋名詞)

Take a bath right now.
すぐにお風呂に入りなさい。

「お風呂に入る」は〈take a bath〉と表現する。同様に「居眠りする」は take a nap。ここでは〈take a ＋名詞〉の表現を取り上げよう。このほか「席にかける、写真をとる」などの表現を、〈take a ＋名詞〉の形で表そう。なお、〈take a ＋名詞〉の類例については、159〜160 ページのコラムを参照されたい。

こんなふうに使います

① He **took** a nap.
   彼は居眠りをしました。
② Let's **take** a break.
   ひと休みしましょう。
③ Please **take** a seat.
   どうぞおかけください。
④ Could you please **take** my picture ?
   私の写真を撮っていただけませんか。

⑨ (責任など)を引き受ける

① (責任など)を引き受ける

She **takes** responsibility for this work.

彼女はこの仕事について責任があります。

責任などを自ら「引き受ける」という意味の take である。「責任を引き受ける、主人公を演じる、クラスの担任だ」などの表現を、take を使って言ってみよう。④の「テノールを受け持つ」は「テノールのパートを引き受ける」ということ。

こんなふうに使います

① She **took** the blame for his failure.
   彼女は彼の失敗の責任を自分で引き受けました。

② He **took** the role of the hero.
   彼は主人公を演じました。

③ Who will **take** our class this year?
   今年は誰が私たちのクラスの担任ですか。

④ He **took** the tenor part.
   彼はテノールを受け持ちました。

⑨ (責任など)を引き受ける

②役割・職務を引き受ける

He **took** chairmanship of the committee.

彼は委員会の議長になりました。

「ある役割・職務を引き受ける」という take を最後に取り上げよう。上の文は「議長になった」と訳したが「議長職を引き受けた」ということだ。このほか「秘書の仕事に就く、市長に就任する、支配人の地位に就く、バイトをする」などの表現を、take を使って表してみよう。

こんなふうに使います

① She **took** a job as a secretary.
　彼女は秘書の仕事に就きました。

② The mayor **took** office last month.
　市長は先月就任しました。

③ He **took** the position of general manager.
　彼は総支配人の地位に就きました。

④ I **took** a part-time-job at a supermarket.
　スーパーでバイトをしました。

take 使いまくりの英会話①

——大学で級友と会う

A : You know, Ms. Green will **take** our English class this year.
B : Yes. I hear she is a very strict teacher. By the way, I'm going to **take** an intensive English course at collage this summer.
A : Sounds interesting. How long does it **take** to finish the course?
B : It **takes** six weeks.
A : Quite long. It must be very tough.
B : Yes. But I want to **take** every opportunity to improve my English.
A : I see. **Take** it easy. Don't work too hard.

【和訳】
A：ねえ知ってる？　グリーン先生が今年僕たちの英語のクラスを受け持つんだって。
B：うん。とても厳しい先生らしいわね。ところで、この夏、私は大学で英語の強化コースを受けるつもりなの。
A：よさそうだね。そのコースはどのくらいの期間なの？
B：6週間よ。
A：かなり長いね。すごく大変に違いないね。

B：ええ。でも私は英語の力をつけるためにどんなチャンスも活かしたいのよ。

A：そうだね。ほどほどに頑張って。あんまり一生懸命やりすぎないようにね。

▶▶ take にフォーカス!!

① Ms. Green will **take** our English class this year.　この take は「引き受ける、責任を負う」。

② I'm going to **take** an intensive English course...　この take は「(授業などを) 選択して受ける」。

③ How long does it **take** to finish the course ?　〈it takes ～〉で「(時間が) ～だけかかる」。

④ It **takes** six weeks.　③と同じ。

⑤ I want to **take** every opportunity...　この take は「(チャンスを) 利用する」。

⑥ **Take** it easy.　「頑張れ、しっかりね」という励ましの言葉。

take 使いまくりの英会話②

——会社の同僚との会話

A：I'm going to **take** a vacation next week.
B： Is that so？ Do you have any plans for the vacation？
A：Of course．I'm going to Hawaii！ My grandparents'll **take** all of us there.
B：How lucky！
A：I'll **take** my camera with me, and **take** a lot of pictures！
B：And you can **take** a walk on the beach... I really envy you.
A：I'll get you some souvenirs from Hawaii. Look forward to them.
B：OK．**Take** care, and have fun！

【和訳】
A：来週休暇を取るつもりなの。
B：そうなの？　休暇中は何か予定が決まっているの？
A：もちろん。ハワイに行くのよ！　祖父母が私たち家族みんなを連れていってくれるの。
B：ラッキーね。
A：自分のカメラを持っていって、いっぱい写真を撮ってくるつもり。

B：そしてビーチを散歩して……。ほんとうにうらやましいわ。

A：ハワイでおみやげ買ってくるね。楽しみにしてて。

B：うん。気をつけて、楽しんできてね。

▶▶ take にフォーカス!!

① I'm going to **take** a vacation next week. この take は「(休暇を) 取る」。

② My grandparents'll **take** all of us there. この take は「連れて行く」。

③ I'll **take** my camera with me, and **take** a lot of pictures ! この文の take は、「持って行く」と「(写真を) 撮る」。

④ And you can **take** a walk on the beach... 〈take a walk〉で「散歩する」。似た表現法に、take a bath（入浴する）、take a nap（居眠りする）など。

⑤ **Take** care. 「気をつけて、注意して」。

PART 3　どんどん広がる take の世界

〈take a ＋名詞〉の華麗な世界

本文の中で take a message, take a taxi, take an examination, take a vacation, take a walk, take a bath, take a nap など、〈take a ＋名詞〉の表現をいろいろ学んだ。ここにそのほかの例を集めてみたが、〈take a ＋名詞〉がこんなに使いでがあるとは、オドロキではないだろうか。

take a bite（かみつく、ひと口かじる）
take a broad view（巨視的に見る、遠望する）
take a chance（いちかばちかやってみる）
take a checkup（健康診断を受ける）
take a chill（寒けがする）
take a class（授業を受ける[とる]）
take a close look（近くで見る、つぶさに見る）
take a cold bath（冷水浴をする）
take a copy（コピーを取る、控えを取る）
take a course（針路を取る、授業を取る）
take a cruise（巡航する）
take a day off（1日休みを取る）
take a decision（決断する）
take a deep breath（深呼吸する）
take a drug（薬を服用する、麻薬を用いる）
take a glance（チラッと見る）
take a hand in（〜にひと役買う、〜に参加する）
take a hint（ヒントを得る、ピンとくる）
take a job（就職する）
take a look（見る、調べる）

take a note（メモを取る）
take a pause（ひと息つく、休止する）
take a pledge（誓う）
take a ride（乗る）
take a shot（写真を撮る、やってみる）
take a shower（シャワーを浴びる）
take a step（一歩進む）
take a trip（旅行する）
take a turn（引き受ける、交代する）
take a vote（採決を行う、決を採る）
take a wrong turn（道を誤る）

PART 4

どんどん広がる **give** の世界

● give のつかまえ方

　give は「与える」という意味だと誰もが思っている。もちろんこの覚え方でもいいのだが、私の give のつかまえ方は少し違う。ちょっと謎めいた言い方になるが、「**give は人を have の状態にする**」と捉えるのだ。

「与える」と言うと、何かいいものを与えるという感じがする。プレゼントを与える、賞を与える、など。しかし、give の用例の中には、こんなケースもある。

　My brother **gave** me his cold.
（弟は私に風邪を移した）

　先ほど、「give は人を have の状態にする」と言ったが、今の例の場合、私と風邪が切っても切れない関係になったわけだ。難しく言えば、所有権を譲り渡す、ということ。しかも、多くの場合、無料（無償）で譲り渡す。お金を払って風邪を移してもらうのでは堪らない。というわけで、give は相手を（タダで）have の状態にする、と捉えるのである。

　166ページに She **gave** water to the flowers.（彼女は花に水をやりました）という例文が出てくるが、「花と水を切っても切れない関係にしてやった」と捉えると、彼女がいかに素晴らしいことをしたかが見えてくる。

　では、次ページの『**give の「意味の見取り図」**』を使って、give の全貌を鳥瞰することから始めよう。

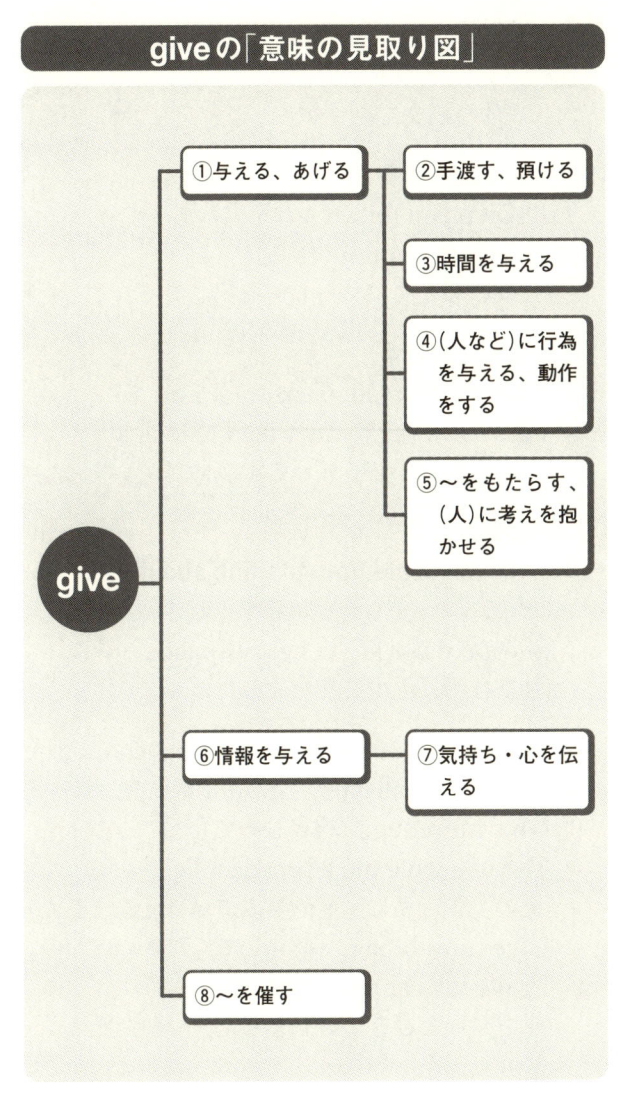

PART 4　どんどん広がる give の世界

give の「意味の見取り図」

give

- ① 与える、あげる
  - ② 手渡す、預ける
  - ③ 時間を与える
  - ④ (人など)に行為を与える、動作をする
  - ⑤ ～をもたらす、(人)に考えを抱かせる
- ⑥ 情報を与える
  - ⑦ 気持ち・心を伝える
- ⑧ ～を催す

● これが give の世界だ！

前ページの『give の「意味の見取り図」』に沿って、代表的な例文を見ながら、予習をしておこう。

(1) **与える、あげる**
① I'll **give** you this.（これを君にあげます）
② She **gave** us our coffee.
（彼女は私たちにコーヒーを出してくれました）

(2) **手渡す、預ける**
① **Give** me the salt, please.（塩を取ってください）
② I **gave** my bag to my friend to look after.
（私は友達にバッグを預けて見ていてもらいました）

(3) **時間を与える**
① **Give** me some time to think about it.
（それについて考える時間をください）
② She **gave** her life to her husband.
（彼女は夫に人生を捧げました）

(4) **(人など)に行為を与える、動作をする**
① **Give** me a call later.（あとで電話してください）
② **Give** me a hug.（抱きしめて）
③ The boy **gave** me a broad smile.
（その少年は私に満面の笑みでほほえみました）
④ **Give** me a break.（勘弁してください）
⑤ I **gave** my car a quick wash.
（車をさっとひと洗いしました）

PART 4　どんどん広がる give の世界

(5)　～をもたらす、(人)に考えを抱かせる
① The sun **gives** heat.（太陽は熱を与えてくれます）
② Music **gives** us a lot of pleasure.
（音楽は私たちに大きな喜びをもたらします）
③ It **gave** the best results.
（それは最高の結果をもたらしました）
④ Wine **gives** me a headache.
（ワインを飲むと頭が痛くなります）
⑤ They **gave** him the blame.
（彼らはその責任を彼にかぶせました）

(6)　情報を与える
① **Give** me your address, please.
（住所を教えてください）
② Will you **give** me some advice ?
（私に何かアドバイスしてくれませんか）
③ The umpire **gave** the batter out.
（審判はバッターにアウトを宣告しました）
④ The magazine **gives** the full text of it.
（雑誌はその全文を伝えています）

(7)　気持ち・心を伝える
① **Give** my best regards to her.
（彼女によろしく伝えてください）

(8)　～を催す
① They will **give** a party on Saturday.
（彼らは土曜日にパーティーを開きます）

① 与える、あげる

①物を与える

I'll **give** you this.
これを君にあげます。

まず最初は、give の基本である「物を与える」場合から見ていこう。この中には「与える」だけでなく「返す」という例もあげてある。「返す」というのは所有権のある人に戻す（have の状態に戻す）行為である。英語では、give 〜 back で表される。

こんなふうに使います

① I'll **give** you what you want.
欲しいものをさしあげましょう。

② My uncle **gave** me a new personal computer.
おじは私に新しいパソコンをくれました。

③ She **gave** water to the flowers.
彼女は花に水をやりました。

④ **Give** me back that book as soon as possible.
その本をできるだけ早く私に返してください。

PART 4　どんどん広がる give の世界

give

②提供する、ごちそうする

She **gave** us our coffee.
彼女は私たちにコーヒーを出してくれました。

give の2番目の用例は、「提供する、ごちそうする」などの場合である。単に「物をあげる」というより、その人の欲するものを提供する、という感じ。医者が処方するのも、患者にとって必要な薬を的確に提供するわけだ。

こんなふうに使います

① My mother **gave** us a BLT sandwich for lunch.
　母がお昼に BLT サンドイッチを用意してくれました。

② Please **give** me something cold to drink.
　何か冷たい飲み物をください。

③ He was thirsty so I **gave** him a drink.
　彼はのどが渇いていたので私は飲み物をあげました。

④ The doctor **gave** me this cream for my skin.
　医者はこのクリームを私の皮膚に塗るためにくれました。

167

② 手渡す、預ける

①手にとって渡す

Give me the salt, please.
塩を取ってください。

相手の欲するものを、手にとって渡す場合だ。「塩を取ってください」の場合、相手の持ち物を欲しがっているわけではない。いわば、相手に無償のサービスを要求しているわけである。③の「ママに電話を代わってちょうだい」は、ママが電話を使える状態にしてくれ、ということ。

こんなふうに使います

① **Give** me the dictionary on the desk.
机の上の辞書を取ってください。

② Please **give** me a blanket.
毛布をください。

③ **Give** mama the phone.
ママに電話を代わってちょうだい。

④ Please **give** me your license.
免許証を出してください。

PART 4　どんどん広がる give の世界

give

②一時的に預ける、差し出す

I **gave** my bag to my friend to look after.

私は友達にバッグを預けて見ていてもらいました。

「預ける」というのは、「一時的に所有権を譲り渡す」のに近い。相手から、一時的な保管というサービスを受けることになる。「丁寧に手渡す、手を差し出す、提出する」などのケースを、give を使って言ってみよう。

こんなふうに使います

① I **gave** her a postcard to mail.
　私は彼女にはがきを預けて投函してもらいました。

② Please **give** your coat to the clerk.
　店員にコートを預けてください。

③ The singer **gave** his hand to each fan.
　その歌手はファンの1人ひとりに手を差し出しました。

④ I **gave** my report to my boss.
　上司にレポートを渡しました。

169

③ 時間を与える

①時間を与える、猶予する

Give me some time to think about it.

それについて考える時間をください。

人は人に「時間」を与えることができる。日本語でも「私に1分だけください」という言い方がある。ここでは、「ちょっと待つ、1時間見る、時間を与える」などの表現を、give を使って言ってみよう。

こんなふうに使います

① **Give** me a minute.
ちょっと待ってください。

② **Give** me time to have a wash.
手を洗ってくるのでちょっと待っていてください。

③ You'd better **give** yourself an hour to finish it.
それを仕上げるのに1時間は見ておいたほうがいいですよ。

④ I'll **give** you one night to make a decision.
決断するのにひと晩時間をあげましょう。

PART 4　どんどん広がる give の世界

give

②大事なものを捧げる、犠牲にする

She **gave** her life to her husband.

彼女は夫に人生を捧げました。

同じ「時間を与える」でも、今回は一生涯の時間を与える場合だ。それが「夫に人生を捧げた」という表現になる。「時間を注ぎ込む、命を投げ出す、飲酒にふける、何かを犠牲にする」などの表現を、give を使って言ってみよう。

こんなふうに使います

① He **gave** all his time to the study.
   彼はその研究に時間を全部注ぎ込みました。

② He **gave** his life to save others.
   彼は他の人たちを救おうと命を投げ出しました。

③ He **gave** himself to drinking.
   彼は飲酒にふけました。

④ I'll **give** anything for her.
   彼女のためなら何を犠牲にしてもいいです。

171

④ (人など)に行為を与える、動作をする

①自分の気持ちを差し向ける

Give me a call later.
あとで電話してください。

相手に自分の気持ちを差し向ける場合にも、give が使われる。電話をかけるのも、その一例である。「相手の言うことを注意して聞く、歓声をあげる、拍手する、決心する」などを、give を使って表現してみよう。なお、④の give a decision に代表される〈give a +名詞〉という表現については、192 ～ 193 ページのコラムを参照されたい。

こんなふうに使います

① **Give** me your attention, please.
私の言うことを注意して聞いてください。

② The audience **gave** a cheer.
聴衆は歓声をあげました。

③ Let's **give** her a big hand.
彼女に盛大な拍手をお願いします。

④ The manager **gave** a decision.
部長が決心しました。

PART 4　どんどん広がる give の世界

give

②相手に何らかの行為を及ぼす

Give me a hug.
抱きしめて。

相手に何らかの行為を及ぼす場合に、〈give + 人 + a + 名詞〉の形が使える。そのよい例が「抱きしめる」や「キスする」だ。このほか、「押しのける、ぶん殴る、ドアを強く蹴る」などの表現も〈give + 人 + a + 名詞〉を使って表現してみよう。

こんなふうに使います

① She **gave** her child a kiss.
　彼女は子供にキスをしました。
② He **gave** me a push.
　彼は私のことを押しのけました。
③ I **gave** him a blow.
　私は彼をぶん殴りました。
④ She **gave** the door a hard kick.
　彼女はドアを強く蹴りました。

173

④ (人など)に行為を与える、動作をする

③相手に表情やシグナルを送る (give +人+ a +名詞)

The boy **gave** me a broad smile.
その少年は私に満面の笑みでほほえみました。

今回は、〈give +人+ a +名詞〉の形で、相手に何か表情やシグナルを送る場合を取り上げる。「ほほえみかける」のは相手に好意を寄せるからだ。そのほか、「ウィンクを送る、じろりと見る、肩をすくめる、手を握り締める」などの表現を、〈give +人+ a +名詞〉を使って表してみよう。

こんなふうに使います

① He **gave** her a friendly wink.
彼は彼女に親しげなウィンクを送りました。

② She **gave** him a cold glance.
彼女は彼を冷たい目でじろりと見ました。

③ She **gave** a shrug of the shoulders.
彼女は肩をすくめました。

④ He **gave** her hand a squeeze.
彼は彼女の手を握り締めました。

④特殊なニュアンスを表す〈give＋人＋a＋名詞〉

Give me a break.

勘弁してください。

〈give＋人＋a＋名詞〉の続きだ。Give me a break.は、文字通り「休憩させてください」という意味にもなるが、「ちょっと待ってよ」とか「勘弁してよ」というニュアンスで会話でよく使われる。このような、特殊なニュアンスを持つgiveの用例を集めてみた。「チャンスを与える、車で送る、重労働を課す」などを〈give＋人＋a＋名詞〉を使って言ってみよう。

こんなふうに使います

① **Give** me one more chance.
　もう一度チャンスをください。
② I'll **give** you a ride downtown.
　町まで車でお送りしましょう。
③ We **gave** him six months' labor.
　彼に6か月の重労働を課しました。
④ Don't **give** me that.
　やめてください。

④ (人など)に行為を与える、動作をする

⑤物に何かをほどこす

I **gave** my car a quick wash.
車をさっとひと洗いしました。

give my car a quick wash は「車にひと洗いをほどこす」という面白い表現だ。ただ「洗う」というよりも、洗い手の自意識のようなものが感じられる。ほかに、「部屋を掃除する、トライしてみる、ざっと目を通す、留意する」などを、give を使って言ってみよう。英語表現の幅を広げる練習である。

こんなふうに使います

① She always **gives** the room a good cleaning.
彼女はいつも部屋をよく掃除します。

② I'll **give** it a try.
やってみます。

③ He **gave** a glance at the newspaper.
彼は新聞にざっと目を通しました。

④ **Give** your health more attention.
自分の健康にもっと留意しなさい。

PART 4　どんどん広がる give の世界

⑤ ～をもたらす、(人)に考えを抱かせる

①～をもたらす（人以外が主語）

The sun **gives** heat.
太陽は熱を与えてくれます。

ここまでは give するのは常に「人」だった。今回取り上げるのは、「太陽が熱を与える、植物が酸素を供給する」など、主人公は「人以外」である。人以外の主語に give を使うのは、一種の擬人法と言ってもいい。このほか、「牛、カフェイン、数」を主語にした次の文を、すべて give を使って表してみよう。

こんなふうに使います

① Plants **give** oxygen.
植物は酸素を与えてくれます。

② Cows **give** milk.
牛は牛乳を与えてくれます。

③ Caffeine **gives** us a lift.
カフェインは気分を高揚させます。

④ Any number multiplied by zero **gives** zero.
どんな数に 0 をかけても 0 になります。

177

⑤ ～をもたらす、(人)に考えを抱かせる

②喜びなどをもたらす（人以外が主語）

Music **gives** us a lot of pleasure.

音楽は私たちに大きな喜びをもたらします。

今回は、「音楽、映画、瞑想」などが主語となる。「楽しませる、落ち着かせる、印象を与える、考えを持たせる」などを give を使って表現してみよう。④の「彼がうそをついていたと、なぜわかるのですか」は、「何が次のような考えをあなたに与えるのですか」という、きわめて英語的な言い方だ。これも一種の擬人法と言えるだろう。

こんなふうに使います

① His movies **give** pleasure to millions of people.
彼の映画作品は何百万もの人々を楽しませています。

② Meditation **gives** us inner peace.
瞑想は心を落ち着かせてくれます。

③ She **gives** the impression of being intelligent.
彼女は聡明な印象を与えます。

④ What **gives** you the idea that he was lying ?
彼がうそをついていたと、なぜわかるのですか。

PART 4　どんどん広がる give の世界

give

③結果などをもたらす（人以外が主語）

It **gave** the best results.

それは最高の結果をもたらしました。

前項は「楽しみや印象」を与える場合だったが、今回は「何らかの結果をもたらす」場合を集めてみた。「**食欲が出る、満足を与える、作物がよく育つ**」などの表現を、give を使って表してみよう。時間差を設けて「ある結果をもたらす」というのは、いわば give の高級な使い方と言えるだろう。

こんなふうに使います

① It **gave** similar results.
　それは同様の結果をもたらしました。
② A walk will **give** you an appetite.
　散歩すると食欲が出ますよ。
③ The results will **give** you satisfaction.
　その結果はあなたに満足を与えるでしょう。
④ This land **gave** good crops.
　この土地は作物がよく育ちました。

⑤ 〜をもたらす、(人)に考えを抱かせる

④嫌なことをもたらす（人以外が主語）

Wine **gives** me a headache.
ワインを飲むと頭が痛くなります。

「与える」というといいものを与える場合を考えがちだが、逆の場合もある。ここでは、「ワインや騒音が頭痛を与える、考え事が頭を痛める、車がトラブルを与える」という類例で、give の"行動範囲"を確認してみよう。

こんなふうに使います

① That constant noise **gives** me a headache.
あのひっきりなしの騒音には頭が痛くなります。

② My son's future **gives** me a big headache.
息子の将来を考えるととても頭が痛いです。

③ Does your back **give** you pain ?
背中が痛みますか。

④ My car has **given** me no trouble recently.
私の車はこのところ故障知らずです。

PART 4　どんどん広がる give の世界

give

⑤負わせる、課す（人以外が主語）

They **gave** him the blame.
彼らはその責任を彼にかぶせました。

今回は、他人に何かを負わせたり課したりする場合を取り上げる。いわば「うれしくないプレゼント」である。「**宿題を出す、罰金を課す、人に任せる**」などの類例で練習する。最後は「ニックネームをつける」という例だが、場合によるとあだ名も人を苦しめる場合がある。

こんなふうに使います

① The teacher **gave** us a lot of homework.
先生は私たちにたくさん宿題を出しました。
② I was **given** a fine.　私は罰金を課されました。
③ I'd like to **give** the responsibility to someone else.
この責任を誰か他の人に任せたいです。
④ They **gave** the singer the nickname "King of pops".
彼らはその歌手に「ポップ界の王様」というニックネームをつけました。

181

⑥ 情報を与える

①情報を与える、伝える

Give me your address, please.

住所を教えてください。

ここからは「情報」を与える場合である。日本語の「お名前をください」も、Please **give** me your name. と表せる。このほか、「教える、告げる、伝える」などの用例を通して、give の使い方に習熟することにしよう。

こんなふうに使います

① Can you **give** me her telephone number ?
　彼女の電話番号を教えてくれませんか。

② Can you **give** me the time ?
　何時か教えてくれますか。

③ He **gave** his name to the receptionist.
　彼は受付に名前を告げました。

④ He **gave** the news to the press.
　彼はニュースを報道陣に伝えました。

PART 4　どんどん広がる give の世界

give

②相手の欲しがる情報を与える

Will you **give** me some advice?

私に何かアドバイスしてくれませんか。

相手の欲しがる情報を与える場合を集めてみた。「例をあげる、意見を聞かす、情報を与える、理由を教える」などを、give を用いて言ってみよう。**Give** me your answer, please.（お答えをください）なども仲間と考えていいだろう。

こんなふうに使います

① She **gave** me an example.
　彼女は私に例をあげてくれました。

② Could you **give** me your opinion on this issue?
　この問題についてのあなたの意見をお聞かせ願えますか。

③ Could you **give** me more information?
　もっと情報をくれませんか。

④ **Give** me the reason for it.
　その理由を教えてください。

183

⑥ 情報を与える

③宣告する

The umpire **gave** the batter out.
審判はバッターにアウトを宣告しました。

「バッターにアウトを与えた」というのは、「アウトを宣告した」ということだ。ここでは、何かの宣言を与える場合を練習する。「刑を言い渡す、許可を与える、合図する、温度を示す」などの類例を通して、give の使い方をもっと身につけよう。

こんなふうに使います

① The judge **gave** him a sentence of three years.
   裁判官は彼に3年の刑を言い渡しました。

② My boss **gave** me permission to leave early.
   上司は私に早退の許可をくれました。

③ She **gave** me a sign to stop.
   彼女は私に止まれと合図しました。

④ The thermometer **gives** 33 degrees.
   温度計は33度を示しています。

PART 4　どんどん広がる give の世界

give

④読者に向けて情報を提供する

The magazine **gives** the full text of it.

雑誌はその全文を伝えています。

雑誌や新聞が、一般読者に向けて「情報を提供する」という場合の give である。「報道する、情報が載っている」などの例を通して、give の使い方に習熟しよう。内容が硬めなので、文が少しだけ長くなっている。

こんなふうに使います

① The newspaper will **give** a full story of the accident.
   新聞はその事故の模様を詳細に報道するでしょう。

② The newspaper **gave** a detailed account of the tournament.
   新聞はその競技会の模様を詳しく報道しました。

③ This guidebook **gives** you all the information you need to plan a trip.
   このガイドブックには旅行の計画を立てるのに必要な情報がすべて載っています。

7 気持ち・心を伝える

①自分の気持ちを伝える

Give my best regards to her.
彼女によろしく伝えてください。

特定のシチュエーションで「自分の気持ちを伝える」という場合にも give が使える。もともと give には無償で提供するというサービス的な意味合いがあるので、それにふさわしい用例と言えるだろう。「お礼を言う、約束する、ひいきにする」などの表現を、give を使って表してみよう。

こんなふうに使います

① **Give** thanks to him.
   彼にお礼を言っておいてください。

② **Give** my love to all the family.
   ご家族の皆様によろしくお伝えください。

③ I **gave** him my word.
   私は彼に約束しました。

④ She **gave** favor to me.
   彼女は私をひいきにしてくれました。

PART 4　どんどん広がる give の世界

⑧ ～を催す

①催し物やサービスを提供する

They will **give** a party on Saturday.

彼らは土曜日にパーティーを開きます。

何かの催し物やサービスを提供する時にも give が活躍する。「コンサートをする、ディナーを供する、レッスンをする」などの表現を、give を使って表してみよう。なお、〈give a ＋名詞〉の類例については、192 〜 193 ページのコラムを参照されたい。

こんなふうに使います

① We **gave** a farewell party for her.
私たちは彼女の送別会を開きました。

② He will **give** a concert in Japan next year.
彼は来年日本でコンサートをします。

③ She **gave** a dinner for ten guests.
彼女は 10 人のお客さまにディナーを供しました。

④ I'll **give** you Japanese lessons for free.
無料で日本語のレッスンをしてあげましょう。

187

give 使いまくりの英会話①

—— 学校の友だちとの会話

A：We are thinking about **giving** a welcome party for Kate next Friday.
B：That'll be nice.
A：At the party, we'd like to **give** her a surprise — something special.
B：Like what ? **Give** me an example.
A：I don't know yet. Let's see... **Give** me some time to think it over.
B：OK. Sorry. I must go now. I'm seeing Mr. Brown in the library.
A：Are you ? **Give** my best (regards) to Mr. Brown.
B：I will. Let me know if everything's fixed. I'll **give** you a hand if necessary. Just tell me.
A：Thank you. I'll **give** you a call later. Bye !

【和訳】
A：今度の金曜日、ケイトの歓迎会を開こうと思ってるんだけど。
B：いい考えね。
A：パーティーで、ケイトには何かサプライズを考えてるんだ —— 何か素敵なものをね。

B：例えば、どんな？
A：まだわからない。そうだなあ……もうちょっと考えさせて。
B：わかったわ。ごめんなさい、もう行かなくちゃ。図書館でブラウン先生と会うことになってるの。
A：そう。ブラウン先生によろしく。
B：ええ。ちゃんと決まったら教えてね。もし必要なら、お手伝いするから。遠慮なく言ってね。
A：ありがとう。あとで電話するね。じゃあ。

▶▶ give にフォーカス!!

① We are thinking about **giving** a welcome party... 〈give a party〉で「パーティーを開く」。似た表現法に、give a concert（コンサートを開く）など。

② **Give** me an example. 「例を示して」ということ。

③ **Give** me some time to think it over. 「時間をください、ちょっと待って」ということ。

④ **Give** my best (regards) to Mr. Brown. 〈give one's best (regards) to ～〉で「～によろしく」という表現。

⑤ I'll **give** you a call later. 〈give ＋ 人 ＋ a call〉で「人に電話する」。似た表現に、〈give ＋ 人 ＋ a ride〉で「～を車に乗せてあげる」。

189

give 使いまくりの英会話②

——なぞなぞ

A：Guess what. " Why is 6 afraid of 7 ? "
B：A riddle ? **Give** me a hint, please.
A：OK. Say '7' '8' '9' in this order.
B：Let's see... No. I **give** up !
A：Can I **give** you the answer ?
B：Yes, please.
A：The answer is " because 7 ate 9 ! "
B：Oh, I see ! That's funny ! **Give** me another riddle.

【和訳】
A：当ててね。「どうして6は7を怖がるんだ？」
B：なぞなぞかい？　ヒントをちょうだい。
A：いいよ。7、8、9と、この順に言ってみて。
B：ええと……だめだ。わからないよ。
A：答えを言ってもいい？
B：うん、お願い。
A：答えは、「だって、7は9を食べちゃったから！」（eight と ate が掛けてある）
B：ああ、そうか！　おもしろいね！　もっとなぞなぞやって！

▶▶ give にフォーカス!!

① **Give** me a hint, please. これは give の一般的な使い方。give は「SVOO」(O に O を与える) の第4文型をとることが多い。

② I **give** up！ give up は「あきらめる、放棄する」という表現。

③ Can I **give** you the answer？ これも give の一般的な使い方で、やはり「SVOO」。

④ **Give** me another riddle. これも give の一般的な使い方の「SVOO」。

〈give a ＋名詞〉の華麗な世界

本文の中で give a decision, give a party, give a concert, give a farewell party, give a dinner など、〈give a ＋名詞〉の表現をいろいろ学んだ。ここにそのほかの例を集めてみたが、〈give a ＋名詞〉がこんなに使いでがあるとは、オドロキではないだろうか。

give a cough （咳払いをする）
give a figure （数字を示す）
give a hint （ヒントを与える、暗示する）
give a kick （蹴る、ひと蹴りする）
give a kiss to （〜にキスする）
give a lesson （教訓を与える）
give a number （番号を打つ）
give a paper （研究発表をする）
give a pause （間を置く、考え直す）
give a picture （描写する、叙述する）
give a play （劇を上演する）
give a prize （賞を与える）
give a reply （答える、返事をする）
give a scream （悲鳴を上げる）
give a shrug （肩をすくめる）
give a signal （信号を送る、合図する）
give a smile （微笑する）
give a speech （スピーチをする）
give a stretch （伸びをする）
give a summary （筋書きを述べる）

PART 4　どんどん広がる give の世界

give a test run（試乗する）
give a toast（乾杯の音頭を取る）
give a vague answer（あいまいな返事をする）
give a warning（警報を出す、警告する）
give a welcome to（〜を歓迎する）
give a wrong instruction（間違った指示を出す）
give a yes（承諾［肯定］の返事をする）

PART 5

どんどん広がる **make** の世界

● make のつかまえ方

　makeという動詞は、意志の強さを感じさせる。makeと言えば、誰でも「作る」と覚えているが、私のmakeのつかまえ方は、「**外力を与えて物事を別の状態に変える**」というものだ。

　外力と言うと、何か力ずくのように聞こえるかもしれないが、そんな乱暴な話とは限らない。長嶋監督のメークドラマではないが、もっと違う力を加える場合もある。例えば、「化粧する」をmake upで表すが、化粧を力ずくでする人はいないだろう。

　いずれにしても、物事に力を加えて別の状態にするには、意志の力が必要になる。化粧だって、美しく見せたいからするはず。基本動詞の中で、いちばん意志の力を感じさせるのが、makeなのである。

　使役動詞のmakeは、「〜させる」という意味だが、使役動詞（have、get、letなど）の中でいちばん「強制的」な雰囲気を持っている。「**無理やり〜させる、有無を言わさず〜させる**」というニュアンスである。これに比べると、getなどはずっとおとなしく、「説得して〜させる」ときわめて穏便である。

　というわけで、makeは「意志を働かせ、物事に外力を与えて（有無を言わさず）別の状態に変える」ことなのである。

　では、次ページの『**make の「意味の見取り図」**』を使って、makeの全貌を鳥瞰することから始めよう。

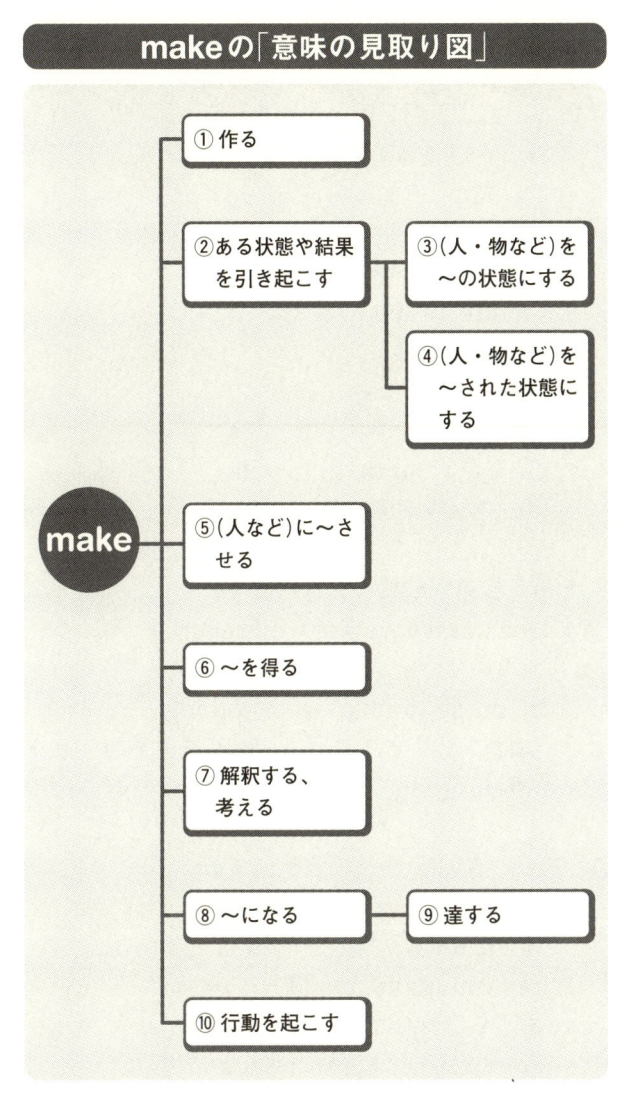

PART 5　どんどん広がる make の世界

make の「意味の見取り図」

make

- ① 作る
- ② ある状態や結果を引き起こす
  - ③ (人・物など)を〜の状態にする
  - ④ (人・物など)を〜された状態にする
- ⑤ (人など)に〜させる
- ⑥ 〜を得る
- ⑦ 解釈する、考える
- ⑧ 〜になる
  - ⑨ 達する
- ⑩ 行動を起こす

197

● これが make の世界だ！

　では、前ページの『make の「意味の見取り図」』に沿って、代表的な例文を見ながら、本文の予習をしておこう。これが本書で扱う make の全貌である。

(1) 作る
　① I **made** an apple pie for him.
　　（私は彼のためにアップルパイを作りました）
　② They **made** laws.
　　（彼らは法律を制定しました）
　③ Cheese is **made** from milk.
　　（チーズは牛乳から作られます）

(2) ある状態や結果を引き起こす
　① Don't **make** a noise while eating.
　　（食事中は音を立ててはいけません）
　② He **made** trouble out of nothing.
　　（彼はつまらないことから面倒を引き起こしました）

(3) （人・物など）を〜の状態にする
　① The news **made** them happy.
　　（知らせを聞いて彼らは喜びました）
　② Can you **make** it mild?
　　（あまり辛くしないでくれますか）
　③ He **made** her his secretary.

PART 5　どんどん広がる make の世界

（彼は彼女を自分の秘書にしました）

(4) （人・物など）を〜された状態にする
① I couldn't **make** myself understood in English.
（私の英語は通じませんでした）

---

(5) （人など）に〜させる
① I'll **make** him quit smoking.
（彼にタバコを止めさせます）
② This suit **makes** me look fat.
（このスーツを着ると太って見えます）

---

(6) 〜を得る
① He **made** big money.
（彼は大金を稼ぎました）
② He **made** a name as a musician.
（彼は音楽家としての名声を手に入れました）
③ The player **made** a high score.
（その選手は高得点をあげました）
④ He **made** a new friend.
（彼は新たな友人を作りました）

---

(7) 解釈する、考える
① What do you **make** of the new teacher?
（新しい先生をどう思いますか）

(8) 〜になる
① One and two **makes** three.
（1たす2は3です）
② This **makes** the third time he's said it.
（彼がそう言ったのはこれで3度目です）
③ He will **make** a wonderful doctor.
（彼は立派な医者になりますよ）
④ This tie will **make** a good gift.
（このネクタイはよい贈り物になるでしょう）

(9) 達する
① He **made** Tokyo on Monday.
（彼は月曜日に東京に着きました）
② She **made** the deadline.
（彼女は締め切りに間に合いました）
③ She **made** the Olympic team.
（彼女はオリンピックチームのメンバーになりました）

(10) 行動を起こす
① He **made** a trip to the United States.
（彼はアメリカを旅しました）
② I'd like to **make** a reservation for a room.
（部屋を予約したいのですが）
③ The manager **made** me a proposal.
（部長は私にひとつ申し入れをしました）

なお、ここでは取り上げなかったが、make には 〈make it〉という、非常によく使われる慣用句がある。〈make it〉は「たどり着く、間に合う、うまくやる」などの意味を表す。〈make it〉の it は、「目的、目的地、定刻」などを暗に表していると考えればいいだろう。make の基本語義に沿っていえば、「意図どおりの結果を得る」と理解すれば、どの用法もすんなり頭に入ると思う。具体的な用例も示しておこう。

I **made it** home before 6 o'clock.
（私は6時までに帰宅できた）
I **made it** to the train on time.
（私は電車の時間にちょうど間に合った）
I **made it**！
（やった、成功した）

では、「意味の見取り図」の順番にしたがって、次ページから、make の使い方を詳しく学んでいくことにしよう。

① 作る

①具体的な物を作る

I **made** an apple pie for him.

私は彼のためにアップルパイを作りました。

まずは基本中の基本である「作る」の意味から。「コーヒーを入れる、料理を作る」、そして「背広を作る、コンピュータを作る」まで。すべて具体的な物を作る場合である。

こんなふうに使います

① Will you **make** a cup of coffee for me?
私にコーヒーを1杯入れてくれませんか。

② I have to **make** a meal by myself tonight.
今夜は自分で料理を作らなくてはなりません。

③ She **made** him a new suit.
彼女は彼に背広を新調してあげました。

④ The company **makes** computers.
その会社はコンピュータを作っています。

PART 5　どんどん広がる make の世界

make

②抽象的な物を作る

They **made** laws.
彼らは法律を制定しました。

「法律を制定する」も make を使って簡単に表すことができる。具体的な物ではなく、抽象的な物を作る場合を集めてみた。「計画を立てる、文書を作成する、歌を作る、規則を作る」などを、make を使って言ってみよう。

こんなふうに使います

① We are **making** plans for summer vacation.
私たちは夏休みの計画を立てています。

② The clerk **made** the document.
書記は文書を作成しました。

③ I **made** you a song. [=I **made** a song for you.]
君に歌を作りました。

④ Rules are not **made** to be broken.
規則は破られるためにできているのではありません。

203

① 作る

③加工して作る

Cheese is **made** from milk.
チーズは牛乳から作られます。

何かの原料を加工して作る場合である。「バターを～から作る、コインを銀で作る、自動車を作る」などの表現を、make を使って表してみよう。

こんなふうに使います

① What is butter **made** from ?
バターは何から作られますか。

② This coin is **made** of silver.
このコインは銀でできています。

③ We **make** milk into cheese and butter.
私たちは牛乳をチーズやバターにします。

④ Those cars are **made** in China.
あれらの車は中国製です。

PART 5　どんどん広がる make の世界

② ある状態や結果を引き起こす

①何かの状況を作り出す

Don't **make** a noise while eating.

食事中は音を立ててはいけません。

具体的な物を作るというより、何かの状況を作り出す場合である。食事中に音を立てるのは、騒がしい状態を作るということである。「変な音がする、何かを置く場所を作る、騒ぎ立てる、引っ掻き傷を作る」などの表現を、make を使って表してみよう。

こんなふうに使います

① The car **makes** some strange noise from the moter.
　車のモーターから何か変な音がするのですが。

② Please **make** room for my desk.
　私の机を置く場所をあけてください。

③ They **made** a fuss.
　彼らは騒ぎ立てました。

④ The cat **made** a scratch in the counter.
　猫がカウンターに引っ掻き傷を作りました。

② ある状態や結果を引き起こす

②（結果として）ある状態を作り出す

He **made** trouble out of nothing.

彼はつまらないことから面倒を引き起こしました。

「結果として、ある状態を作り出す」という場合。「面倒をかける、急な変化をきたす、仲直りをする」などを、make を使って言ってみよう。

こんなふうに使います

① I don't want to **make** trouble for you.
あなたには面倒をかけたくありません。

② It **makes** no difference to me.
それは私にはどうでもいいことです。

③ What **made** this sudden change?
どうしてこんなに急に変わったのですか。

④ They **made** peace.
彼らは仲直りをしました。

③ (人・物など)を〜の状態にする

①(結果として)人をある心理状態にさせる

The news **made** them happy.

知らせを聞いて彼らは喜びました。

「結果として、人をある心理状態にさせる」場合。上の文の場合、ニュースを聞くことが彼らを喜ばしい状態にした、というわけだ。「あなたを幸せにする、怒らせる、楽にする、苛立たせる」などの状況を、make を使って表してみよう。

こんなふうに使います

① I'll do anything to **make** you happy.
あなたを幸せにするためなら何でもします。

② What **made** you so angry?
どうしてそんなに怒ったのですか。

③ Please **make** yourself at home.
どうぞ楽になさってください。

④ The flight delay **made** passengers irritated.
飛行機の遅れが乗客を苛立たせました。

③ (人・物など) を〜の状態にする

②(意志を使って) 物の状態を決める

Can you **make** it mild ?
あまり辛くしないでくれますか。

自分の意志を使って物の状態を決めるような時にも make を使う。料理の味を甘くするのも辛くするのも、手加減ひとつというわけだ。「**自分の欲求をはっきりさせる、急ぐ、何かを可能にする、何かを習慣にする**」などという意志的な行為を、make を使って表してみよう。

こんなふうに使います

① He **made** it clear what he wanted.
彼は自分が何が欲しいのかをはっきりさせました。

② **Make** it quick, or we'll miss the bus.
急ぎなさい、でないとバスに乗り遅れます。

③ He **made** it possible for me to finish the work.
彼のおかげで私はその仕事を終わらせることができました。

④ I **made** it a rule to take some exercise every day.
私は毎日適度な運動をすることにしています。

PART 5　どんどん広がる make の世界

make

③（自分の意志で）人の立場を決定する

He **made** her his secretary.
彼は彼女を自分の秘書にしました。

自分の意志で人の立場を決定する時にも、make が使われる。「妻にする、リーダーに選ぶ、英雄にする」などの類例を make を使って言ってみよう。ただし、「自分の息子を医者にする」という場合には make は使えない。息子を医者にする（法的な）権限は親にはないからだ。

こんなふうに使います

① He **made** her his wife.
　彼は彼女を妻にしました。
② They **made** him leader.
　彼らは彼をリーダーに選びました。
③ Try to **make** your work a pleasure.
　仕事を喜びとするようにしなさい。
④ The event **made** him a hero.
　その出来事で彼は英雄になりました。

④ (人・物など)を〜された状態にする

①自分を〜された状態にする (make oneself ＋過去分詞)

I couldn't **make** myself understood in English.
私の英語は通じませんでした。

〈make oneself ＋過去分詞〉の形で、「自分を〜された状態にする」という意味になる。上の文は、「英語で自分を理解される状態にできなかった」つまり「自分の英語が通じなかった」ということ。「3か国語に通じている、自分の声を聞こえさせる、ドイツ語で意思を伝える」などの表現を、make を使って表してみよう。

こんなふうに使います

① He can **make** himself understood in three languages.　彼は3か国語に通じています。
② She couldn't **make** herself heard above the noise.　雑音で彼女の声は聞こえませんでした。
③ He managed to **make** himself understood in German.
彼はドイツ語でなんとか意思を伝えることができました。
④ The truth was not **made** known to them.
真実は彼らに知らされませんでした。

210

PART 5　どんどん広がる make の世界

⑤ (人など) に〜させる

①(人など)に〜させる (make ＋ O ＋動詞の原形)

I'll **make** him quit smoking.
彼にタバコを止めさせます。

いわゆる「使役動詞」の make の出番である。すでに最初に書いたように、make には強制的な、相手に有無を言わせないような力がある。使い方は〈make ＋ O ＋動詞の原形〉の形で用いる。「行かせる、待たせる、引き止める」などを、使役の make を使って表してみよう。

こんなふうに使います

① He **made** me go.
　彼は私を行かせました。
② They **made** me wait for a while.
　彼らは私をしばらく待たせました。
③ I couldn't **make** her stay.
　彼女を引き止められませんでした。
④ You have **made** me forget my misfortunes.
　あなたは私の不幸を忘れさせてくれました。

⑤ (人など) に〜させる

②(人など) に〜させる (物が主語の場合)

This suit **makes** me look fat.

このスーツを着ると太って見えます。

上の文を直訳すると、「このスーツは私を太って見えさせる」となる。make は意志力を感じさせる動詞なので、This suit を主語にしたこの文は、一種の擬人法を使っていると考えてよい。「冗談で笑う、おかげで気分が良くなる」などの文を、この擬人法の make で表してみよう。

こんなふうに使います

① Her jokes **made** us all laugh.
   彼女の冗談で私たちは皆笑いました。

② The hot bath **made** me feel so good.
   熱いお風呂はとても気持ちが良かったです。

③ What **makes** you think so ?
   なぜそう思うのですか。

④ That **makes** me feel better.
   おかげで気分が良くなりました。

PART 5　どんどん広がる make の世界

⑥ 〜を得る

①〜を得る、稼ぐ

He **made** big money.
彼は大金を稼ぎました。

make money というのは「お金を作る」のではなく「お金を稼ぐ」ということ。ここでは「利益を上げる、財を成す、生計を立てる」など、make を使ったうれしい表現を学ぶことにしよう。お金を稼ぐのは強い意志と忍耐の賜物なのだ。

こんなふうに使います

① They **made** a profit.
　彼らは利益を上げました。
② She **made** a fortune in stocks.
　彼女は株で財を成しました。
③ How much do you **make** a month ?
　月にいくらくらい稼ぎますか。
④ He **makes** his living as a writer.
　彼は作家として生計を立てています。

213

⑥ ～を得る

②名声などを手に入れる

He **made** a name as a musician.

彼は音楽家としての名声を手に入れました。

最初から名声も持っている人はいない。意志の力と継続的な努力で、名声は築き上げるもの。ここでも make が大活躍する。「名をはせる、名を成す、名を上げる」などの表現を、make を使って言ってみよう。

こんなふうに使います

① He **made** a name as a novelist.
   彼は小説家として名をはせました。

② He **made** a fast reputation.
   彼はまたたく間に名声を得ました。

③ She **made** a name for herself in literary criticism.
   彼女は文芸批評で名を成しました。

④ He **made** a name for himself as a business consultant.
   彼はビジネス・コンサルタントとして名を上げました。

PART 5　どんどん広がる make の世界

make

③得点をあげる

The player **made** a high score.

その選手は高得点をあげました。

「高得点をあげる」という時も、あたかも「高得点を作り出す」かのように、make を使う。このほか、「数学で良い点を取る、サッカーで3点取る、1等賞を取る、良い成績を取る」などの喜ばしい事柄を、make を使って表現してみよう。

こんなふうに使います

① She **made** good grades in math.
彼女は数学で良い点を取りました。

② Our team **made** three points in the soccer game.
われわれのチームはサッカーの試合で3点取りました。

③ She **made** first prize.
彼女は1等賞を取りました。

④ He **made** good marks at school.
彼は学校で良い成績を取りました。

215

⑥ ～を得る

④友達を作る

He **made** a new friend.
彼は新たな友人を作りました。

日本語でも「友達を作る」と言うが、英語でも make a new friend という言い方をする。類例として「**良い友達を作る、友達ができる、敵を作る、仲良くなる**」などの表現を、make を使って言ってみよう。「敵を作る」のも意志的な行為なのがわかる。

こんなふうに使います

① It's not always easy to **make** good friends.
良い友達を作るのは、いつも簡単とは限りません。

② Have you **made** friends during the trip?
旅行中に友達はできましたか。

③ Such words will **make** enemies.
そんな言い方をすると敵を作りますよ。

④ She can easily **make** friends with anyone.
彼女は誰とでもすぐに仲良くなれます。

PART 5　どんどん広がる make の世界

❼ 解釈する、考える

①解釈する、〜ととる

What do you **make** of the new teacher ?

新しい先生をどう思いますか。

make... of 〜で「〜を…と解釈する、考える」という意味になる。make には「ある事柄についてどう思うか」という意味があるのだ。「一節を解釈する、泳ぐのを何とも思わない、どう解釈していいかわからない」などの表現を、make を使って言ってみよう。

こんなふうに使います

① What do you **make** of this passage ?
　この一節をどう解釈しますか。
② I **make** nothing of swimming 10 kilometers.
　10 キロ泳ぐのを何とも思いません。
③ I **make** no doubt of her success.
　彼女の成功を信じて疑いません。
④ I don't know what to **make** of his remarks.
　彼の発言をどう解釈していいのかわかりません。

⑧ 〜になる

①(結果として)〜になる

One and two **makes** three.
1たす2は3です。

1と2が合わさると3という数が作られる。というわけで、このような計算にmakeが使われることは、十分理解できる。この応用で、「水素と酸素で水になる、1週間は7日、12インチで1フィート」などの表現を、makeを使って言ってみよう。

こんなふうに使います

① Hydrogen and oxygen **make** water.
水素と酸素で水になります。

② Seven days **make** a week.
1週間は7日です。

③ Twelve inches **make** one feet.
12インチは1フィートにあたります。

④ One hundred cents **make** a dollar.
100セントで1ドルになります。

PART 5　どんどん広がる make の世界

make

②何度目になる

This **makes** the third time he's said it.

彼がそう言ったのはこれで3度目です。

前項に「1たす2は3です」という文があったが、今回はその応用といえる。「彼がそう言ったのはこれで3度目です」は、「今回の分とたすと3回になる（2＋1＝3）」というわけだ。このほか、「5番目の小説、3度目のパーティー」などを、make を使って言ってみよう。

こんなふうに使います

① This **makes** his fifth novel.
　これは彼の5番目の小説です。

② This **makes** the third party this month.
　これで今月は3度目のパーティーです。

③ This **makes** the second time I've been there.
　これで私がそこに行くのは2度目になります。

④ This **makes** the fifth time she has refused his offer.
　彼女が彼の申し出を断るのはこれで5度目です。

8 ～になる

③（人が）～になる

He will **make** a wonderful doctor.

彼は立派な医者になりますよ。

He will make a ～は「彼は～になるだろう」というイディオム的な表現。今の彼が基になって将来の彼が作られる、と考えればmakeを使う理由がわかる。このほか、「よい奥さんになるだろう、素晴らしい陸上選手になるだろう」などの類例を、makeを使って表してみよう。

こんなふうに使います

① She will **make** a good wife.
彼女はよい奥さんになるでしょう。

② She will **make** a fine athlete.
彼女は素晴らしい陸上選手になるでしょう。

③ You two **make** a good couple.
あなたたちはお似合いのカップルです。

④ Mr. Obama **made** President at the age of 47.
オバマ氏は47歳で大統領になりました。

PART 5　どんどん広がる make の世界

make

④(物が)〜になる

This tie will **make** a good gift.

このネクタイはよい贈り物になるでしょう。

前項の「彼は〜になるだろう」の応用編がこれ。今回は主語が「人」ではなく「物」になる。「よい教訓になる、立派な弓ができる、聞きごたえがある、素晴らしいライブハウスになる」などの表現を、make を使って言ってみよう。

こんなふうに使います

① Fairy tales **make** good lessons for children.
童話は子供たちにとってよい教訓となります。

② This tree will **make** a fine bow.
この木で立派な弓ができるでしょう。

③ This CD will **make** good listening.
この CD は聴きごたえがあるでしょう。

④ The hall **made** a good live house.
そのホールは素晴らしいライブハウスとなりました。

221

⑨ 達する

①ある場所に到着する

He **made** Tokyo on Monday.
彼は月曜日に東京に着きました。

「彼は東京を作った」と書いて、「彼は東京に着いた」という意味になる。口語的な（ふだん着の）言い方だ。「村にたどり着く、入港する、ニューヨークに立ち寄る」などの表現を、make を使って言ってみよう。

こんなふうに使います

① He **made** Tokyo in nine hours.
　彼は9時間後に東京に着きました。
② We **made** the village by dawn.
　私たちは明け方にはその村にたどり着きました。
③ The ship **made** port.
　船が入港しました。
④ I **made** New York on the return trip.
　旅行の帰路ニューヨークに立ち寄りました。

make

②間に合う

She **made** the deadline.
彼女は締め切りに間に合いました。

前項の応用で、「時間内に着く」つまり「間に合う」ということになる。make it(目標に到達する、たどり着く)という表現も、この延長上に考えられる(it は目標、目的地を指す)。「コンサートに間に合う、6時までに空港に行く」などを、make を使って言ってみよう。

こんなふうに使います

① Did you **make** the concert?
コンサートに間に合いましたか。

② Can you **make** the airport by 6 o'clock?
6時までに空港に行けますか。

③ I was late because I couldn't **make** my train.
いつもの電車に間に合わなくて遅刻しました。

④ He **made** the bus on time.
彼は時間通りにバスに乗れました。

⑨ 達する

③一員になる

She **made** the Olympic team.

彼女はオリンピックチームのメンバーになりました。

この文は、「オリンピックチームを作った」ということではなく、「オリンピックチームのメンバーになった」ということ。これも口語的な言い方だ。「チームの一員になる、目標に達する、10位までに入る」などの表現を、makeを使って言ってみよう。

こんなふうに使います

① He **made** the football team.
彼はフットボールチームの一員になりました。

② She **made** the Japanese national team.
彼女は日本代表チームのメンバーになりました。

③ Only ten students **made** the target of 500 points.
10人の生徒だけが500点の目標に達しました。

④ He **makes** the top ten.
彼は10位までに入ります。

PART 5　どんどん広がる make の世界

⑩ 行動を起こす

①ある行為をする（make a ＋名詞）

He **made** a trip to the United States.

彼はアメリカを旅しました。

〈make a ＋名詞〉の形で、「ある行為をする」という抽象的な意味を表す場合が多くある。「**努力をする、決断する、約束をする、ミスをする**」などを〈make a ＋名詞〉の形を使って表してみよう。なお、〈make a ＋名詞〉の類例については、232 ～ 233 ページのコラムを参照されたい。

こんなふうに使います

① I must **make** an effort to learn English.
英語習得の努力をしなければなりません。

② We should **make** a dicision.
私たちは決断しなければなりません。

③ I **made** a promise to go shopping on Sunday with her.
私は彼女と日曜日にショッピングに行く約束をしました。

④ I've **made** a mistake.
間違えてしまいました。

225

⑩ 行動を起こす

②具体的な行動をする（make a ＋名詞）

I'd like to **make** a reservation for a room.

部屋を予約したいのですが。

今回も〈make a ＋名詞〉の続きだ。この形の表現がいかによく使われるか、わかるだろう。「予約をする」のほか、「電話をつなげる、スピーチをする」などの表現を、〈make a ＋名詞〉の形で表してみよう。

こんなふうに使います

① I'd like to **make** an appointment for 3 o'clock today.
今日の午後3時に面会の予約をしたいのですが。

② I can't **make** an outside call.
外線にうまくつながりません。

③ She **made** a fine speech at the party.
彼女はパーティーで素晴らしいスピーチをしました。

④ We've **made** a reservation for two at 8 o'clock.
8時に2人の予約を入れています。

PART 5 どんどん広がる make の世界

make

③ある行為をする（make ＋人＋ a ＋名詞）

The manager **made** me a proposal.
部長は私にひとつ申し入れをしました。

〈make a ＋名詞〉の続きだが、〈make ＋人＋ a ＋名詞〉の形の文を集めてみた。「援助を申し出る、別の提案をする、お金を出すと申し出る、値段をつける」などを、〈make ＋人＋ a ＋名詞〉の形を使って表してみよう。

こんなふうに使います

① He **made** me an offer of help.
彼は私に援助を申し出てくれました。

② The president **made** them another suggestion.
社長は彼らに別の提案をしました。

③ The customer **made** us an offer of 30 million yen for the house.
顧客はその家に3千万円出すと申し出ました。

④ I'd like you to **make** me a better offer.
もう少しよい値段をつけていただきたいです。

make 使いまくりの英会話①

――電器店での夫婦の会話

A : Have you **made** a decision, Bob ? Are you going to buy or not ?
B : Just a minute. I can't **make** out how it works.
A : Come on... You've been here over an hour, just looking at it !
B : I'm **making** an effort to choose the best one.
A : Bob, we must go now. I have to **make** dinner for kids. And you **made** a 7 o'clock appointment with Mr. White, right ?
B : I know.
A : If we go home right now, we can **make** it in time ! Why don't you come another time ?
B : You're right. I'll do that.

【和訳】

A：決めたの、ボブ？ 買うの、それとも買わないの？
B：もうちょっと。これがどんなふうに動くのか、わからないんだ。
A：お願い。もう1時間以上もここにいて、ただ見てるだけじゃないの。

B：いちばんいいのを選ぼうとしているんだよ。
A：ボブ、もう帰らなくちゃいけないのよ。私は子供たちの夕食の支度をしないといけないし。それにあなたはホワイトさんと7時に約束してるんでしょ？
B：わかってるよ。
A：いま帰れば、まだ間に合うわ。また別の時に来ればいいんじゃない？
B：わかった。そうするよ。

▶▶ make にフォーカス!!

① Have you **made** a decision, Bob ?　〈make a decision〉で「決心する、決定する」。

② I can't **make** out how it works.　〈make out ～〉で「理解する」。

③ I'm **making** an effort...　〈make an effort〉で「努力する」。

④ I have to **make** dinner for kids.　この文の make は「料理する」の意。

⑤ And you **made** a 7 o'clock appointment with...　〈make an appointment〉で「会う約束をする」。

⑥ we can **make** it in time !　〈make it〉は「間に合う」という意味。

make 使いまくりの英会話②

　――― 打ち合わせの時間を決める

A：I'd like to **make** an appointment with you.
B：Let me check the schedule... When will be convenient for you ?
A：How about next Friday ?
B：Friday'll be fine.
A：What time shall we **make** it then ?
B：Let's **make** it 2. Is that OK ?
A：Fine.
B：Please **make** a call before you come.
A：All right. See you then.

【和訳】
A：お会いする時間を決めたいのですが。
B：スケジュールを見てみます。いつがご都合よろしいですか？
A：今度の金曜日はどうですか。
B：金曜日ならいいですよ。
A：では、何時にしましょうか。
B：2時にしましょう。いいですか？
A：大丈夫です。
B：こちらにいらっしゃる前にお電話をください。
A：わかりました。ではその時にまた。

▶▶ make にフォーカス!!

① I'd like to **make** an appointment with you. 〈make an appointment〉で「(時間を決めて)会う約束をする」。

② What time shall we **make** it then? 〈make it〉で「日時を〜に決める」。

③ Let's **make** it 2. ②と同じ。

④ Please **make** a call before you come. 〈make a call〉で「電話する」。似た表現法に、make a promise（約束する）など。〈make a + 名詞〉は、その行為が1回限りのものであることを暗示している、と言われる。

〈make a ＋名詞〉の華麗な世界

225 ～ 226 ページで make a trip, make an effort, make a dicision, make a promise, make a mistake, make a reservation, make an appointment など、〈make a ＋名詞〉の表現をいろいろ学んだ。ここにそのほかの例を集めてみたが、〈make a ＋名詞〉がこんなに使いでがあるとは、オドロキではないだろうか。

make a bed（ベッドを整える）
make a bet（賭けをする）
make a budget（予算を立てる）
make a choice（選択する、好きなのを取る）
make a comment（コメントする、論評を加える）
make a complaint（苦情を言う、クレームをつける）
make a compromise（妥協する）
make a contribution to（～に貢献［寄与］する）
make a copy（コピーする、コピーを取る）
make a date（人と会う約束をする）
＊「異性とデートする」という場合は have a date
make a deposit（預金する）
make a difference（違いを生じる）
make a discount（割引する）
make a draft（下書きをする、草稿を作る）
make a face（顔をしかめる）
make a fuss（大騒ぎする、騒ぎ立てる）
make a gain（儲ける）
make a joke（冗談を言う）

PART 5　どんどん広がる make の世界

make a loss（損をする）
make a motion（動議を出す、提案する）
make a note（メモを取る）
make a phone call（電話をかける）
make a pause（一息つく、ポーズを置く）
make a pose（ポーズを取る）
make a proposal（提案をする）
make a refund（払い戻しする）
make a remark（何か言う、批評する）
make a reply（答える、返答する）
make a resolve（決心する）
make a salute（敬礼する）
make a slip of the tongue（口が滑る）
make a soft landing（軟着陸する）
make a suggestion（案を出す、提案する）
make a summary（要約する）
make a table（表にまとめる）
make a transfer（振替を行う）
make a trap（ワナを仕掛ける）
make a wish（願い事をする）

青春新書 INTELLIGENCE ── こころ涌き立つ「知」の冒険

いまを生きる

"青春新書"は昭和三一年に──若い日に常にあなたの心の友として、その糧となり実になる多様な知恵が、生きる指標として勇気と力になり、すぐに役立つ──をモットーに創刊された。

そして昭和三八年、新しい時代の気運の中で、新書"プレイブックス"にその役目のバトンを渡した。「人生を自由自在に活動する」のキャッチコピーのもと──すべてのうっ積を吹きとばし、自由闊達な活動力を培養し、勇気と自信を生み出す最も楽しいシリーズ──となった。

いまや、私たちはバブル経済崩壊後の混沌とした価値観のただ中にいる。その価値観は常に未曾有の変貌を見せ、社会は少子高齢化し、地球規模の環境問題等は解決の兆しを見せない。私たちはあらゆる不安と懐疑に対峙している。

本シリーズ"青春新書インテリジェンス"はまさに、この時代の欲求によってプレイブックスから分化・刊行された。それは即ち、「心の中に自らの青春の輝きを失わない旺盛な知力、活力への欲求」に他ならない。応えるべきキャッチコピーは「こころ涌き立つ"知"の冒険」である。

予測のつかない時代にあって、一人ひとりの足元を照らし出すシリーズでありたいと願う。青春出版社は本年創業五〇周年を迎えた。これはひとえに長年に亘る多くの読者の熱いご支持の賜物である。社員一同深く感謝し、より一層世の中に希望と勇気の明るい光を放つ書籍を出版すべく、鋭意志すものである。

平成一七年　　　刊行者　小澤源太郎

著者紹介
晴山陽一〈はれやま よういち〉

1950年東京生まれ。早稲田大学文学部哲学科卒業後、出版社に入り、英語教材の開発を手がける。自作ソフト『大学受験1100単語』普及のため、「英単語速習講座」を主催。全国の受験生の指導にあたる。元ニュートン社ソフト開発部長。『たった100単語の英会話』シリーズをはじめ、『人生に必要な最低限の英会話』『ネイティブの子供を手本にすると英語はすぐ喋れる』『たった10日のやり直し英語』(小社刊)、『英単語速習術』(ちくま新書)、『すごい言葉』(文春新書)など著書多数。
〈オフィシャルサイト〉
http://y-hareyama.sakura.ne.jp

ネイティブは この「5単語」で会話する　青春新書 INTELLIGENCE

2010年4月15日　第1刷
2013年3月10日　第4刷

著者　晴山陽一

発行者　小澤源太郎

責任編集　株式会社プライム涌光

電話　編集部　03(3203)2850

発行所　東京都新宿区若松町12番1号　〒162-0056　株式会社青春出版社

電話　営業部　03(3207)1916　振替番号　00190-7-98602

印刷・中央精版印刷　製本・ナショナル製本

ISBN978-4-413-04271-0

©Yoichi Hareyama 2010 Printed in Japan

本書の内容の一部あるいは全部を無断で複写(コピー)することは著作権法上認められている場合を除き、禁じられています。

こころ涌き立つ「知」の冒険！

青春新書 INTELLIGENCE

仕事で差がつく Windows Vista	松本 剛	PI-169
これだけ知れば10年OK パソコンの基本ワザ！	コスモピアパソコンスクール[編]	PI-170
「団塊の世代」は月14万円使える!?	山崎伸治	PI-171
大人のための世界の「なぞなぞ」	稲葉茂勝	PI-172
武将が信じた神々と仏	八幡和郎[監修]	PI-173
舞台ウラの選挙　"人の心"を最後に動かす決め手とは！	三浦博史	PI-174
日本人の縁起かつぎと厄払い	新谷尚紀	PI-175
日本人 数のしきたり	飯倉晴武[編著]	PI-176
ウソつきは数字を使う　情報の"裏のウラ"を読む力がつく本	加藤良平	PI-177
たった3行でわかる現代史	祝田秀全[監修]	PI-178
騙されるニッポン	ベンジャミン・フルフォード	PI-179
米中が鍵を握る東アジア情勢	浅井信雄	PI-180
日本人 礼儀作法のしきたり	飯倉晴武[監修]	PI-181
メジャーリーグに日本人が溢れる本当の理由	鈴村裕輔	PI-182
その話し方では若者は動きません！	福田 健	PI-183
翻訳者はウソをつく！	福光 潤	PI-184
身体の力を取り戻す奇跡の整体	中山隆嗣	PI-185
日本人が大切にしてきた季節の言葉	復本一郎	PI-186
宇宙で一番美しい周期表入門	小谷太郎	PI-187
「3つ星ガイド」をガイドする	山本益博	PI-188
視聴率調査はなぜウチに来ないのか	酒井光雄	PI-189
日本人の祭りと呪い	三浦 竜	PI-190
日本史を変えた夫の戦い 妻の戦い	中江克己	PI-191
3語で9割 通じる英会話	ディビッド・セイン	PI-192

青春新書 INTELLIGENCE

こころ涌き立つ「知」の冒険!

「見せる書類」をつくる! 裏技パソコン術	佐々木博	PI-193
日本人はなぜ嘘つきになったのか	和田秀樹	PI-194
アップルの法則 驚きのアイデアと戦略の秘密	林 信行	PI-195
解体されるニッポン 誰がこの国を弱体化させているのか	ベンジャミン・フルフォード	PI-196
「頭がいい」のに使えない人! ホンモノの知性とは何か	樋口裕一	PI-197
小笠原流礼法で強くなる 日本人の身体	筑波君枝	PI-198
こんな募金箱に寄付してはいけない	小笠原清忠	PI-199
「源氏物語」に学ぶ女性の気品	板野博行	PI-200
2時間でザックリわかる! 世界の宗教問題の基本	保坂俊司 [編著]	PI-201
ドバイにはなぜお金持ちが集まるのか	福田一郎	PI-202
ネイティブが喜ぶ英会話のネタ本	デイビッド・セイン	PI-203
人生は勉強より「世渡り力」だ! 腕、スキルを生かす人づきあいの極意	岡野雅行	PI-204
戦国軍師の知略 将を動かし勝機を掴む	中江克己	PI-205
知的生産のためのすごい! 仕事術	晴山陽一	PI-206
病気にならない睡眠コーチング	坪田 聡	PI-207
お金持ちほど「捨て方」がうまい!	堀ノ内九一郎	PI-208
成功本はムチャを言う!?	新田義治	PI-209
エクセルの「超」便利ワザ 仕事がもっと速く、ラクになる	松本 剛	PI-210
日本に足りない軍事力	江畑謙介	PI-211
英語にもっと強くなる本	晴山陽一	PI-212
相手のツボをつくすごい質問力!	樺 旦純	PI-213
クレーム対応のプロが教える 心を疲れさせない技術	中村友妃子 田村綾子	PI-214
新型インフルエンザから家族を守る18の方法	大槻公一 [編著]	PI-215
医者が秘密にしておきたい病気の相場	富家 孝 伊藤日出男	PI-216

こころ湧き立つ「知」の冒険！

青春新書 INTELLIGENCE

図解 ニュースの裏がわかる！ 資源の世界地図	永濱利廣／鈴木将之 [編]	PI-217
一年は、なぜ年々速くなるのか	竹内 薫	PI-218
図解 で スッキリ！超入門 「哲学」は図でよくわかる	白取春彦 [監修]	PI-219
遺品整理屋は聞いた！ 遺品が語る真実	吉田太一	PI-220
ストレス・ゼロの 快速パソコン術	コスモピア パソコンスクール	PI-221
図説 地図とあらすじでわかる！ 古事記と日本書紀	坂本 勝 [監修]	PI-222
「流れ」がどんどん頭に入る 一気読み！日本史	瀧音能之	PI-223
脳がよみがえる断食力	山田豊文	PI-224
世界を掌握する"未来戦略" 進化するグーグル	林 信行	PI-225
パソコンの"重い・遅い"が スッキリ解決する本	オンサイト [編]	PI-226
鉄砲伝来から開国前夜まで 日本史を動かした外国人	武光 誠	PI-227
患者さんには絶対言えない 大学病院の掟	中原英臣	PI-228
No.1テレアポ職人が教える ズルい！営業術	竹野恵介	PI-229
仕事がサクサク！ パソコン整理の裏ワザ	戸田 覚	PI-230
世界と日本のキーワード 2つの「違い」がきちんと言えますか？	村上玄一	PI-231
日本人の心を伝える 思いやりの日本語	山下景子	PI-232
図説 地図とあらすじでわかる！ 万葉集	坂本 勝 [監修]	PI-233
数学者が読み解く仏教世界 聖書	船本弘毅 [監修]	PI-234
冥途の旅はなぜ四十九日なのか	柳谷 晃	PI-235
名画に隠された秘密 美女の骨格	宮永美知代	PI-236
長寿遺伝子を オンにする生き方	白澤卓二	PI-237
「うつ」は食べ物が原因だった！	溝口 徹	PI-238
スティーブ・ジョブズ 成功を導く言葉	林 信行	PI-239
政権力 一国のリーダーたる器とは	三宅久之	PI-240

青春新書 INTELLIGENCE

こころ涌き立つ「知」の冒険!

飲んでも太らない秘密の習慣	伊達友美	PI-241
大人の教養を愉しむ 祇園のしきたり	渡辺憲司[監修]	PI-242
その「エコ常識」が環境を破壊する	武田邦彦	PI-243
図説 あらすじでわかる! 日本の仏	速水侑[監修]	PI-244
ストレスに強い脳、弱い脳 そのカギはセロトニンが握っていた!	有田秀穂	PI-245
ニッポンの底力がわかる本	村上玄一	PI-246
精神力 強くなる迷い方	桜井章一	PI-247
図説 見取り図でわかる! 江戸の暮らし	中江克己	PI-248
ワード・エクセルより10倍使える PDF「超」活用術	オンサイト	PI-249
仕事で使える! Twitter超入門	小川浩	PI-250
図説 地図とあらすじでわかる! 聖地エルサレム	月本昭男[監修]	PI-251
ヒトは脳から太る 人間だけに仕組まれた「第2の食欲」とは	山本隆	PI-252
ニュースが伝えない 政治と官僚	三宅久之	PI-253
日本人の心の原点をたどる! 奈良の祭事記	岩井宏實	PI-254
日本サッカー 世界で勝つための戦術論	西部謙司	PI-255
「脳の栄養不足」が老化を早める!	溝口徹	PI-256
4時間台でラクに走りきる 頭のいいマラソン超入門	内山雅博	PI-257
図説 地図とあらすじでわかる! イエス	船本弘毅[監修]	PI-258
パーソナリティ分析[恋愛編]	岡田尊司	PI-259
図説 神々との心の交流をたどる! 神道	武光誠	PI-260
人生が変わる! ウォーキング力	デューク更家	PI-261
図説 失われた「天守閣」から「大奥」の人間模様までが蘇る 江戸城の見取り図	中江克己	PI-262
2時間で教養が身につく 日本史のツボ	童門冬二	PI-263
その英語、ネイティブはカチンときます	デイビッド・セイン 岡悦子	PI-264

こころ涌き立つ「知」の冒険!

青春新書
INTELLIGENCE

図説 あらすじでわかる! 日本の仏教とお経	廣澤隆之[監修]	PI-265
図説 古地図と名所図会で味わう 江戸の落語	菅野俊輔	PI-266
図説 日本人の源流をたどる! 伊勢神宮と出雲大社	瀧音能之[監修]	PI-267
一流アスリートの「身体脳力」	二宮清純 富家孝	PI-268
図説 地図とあらすじでわかる! 邪馬台国	千田 稔[監修]	PI-269
家紋に残された 戦国武将五つの謎	武光 誠	PI-270
ネイティブは この「5単語」で会話する	晴山陽一	PI-271
仕事で使える! クラウド超入門	戸田 覚	PI-272

※以下続刊

お願い ページわりの関係からここでは一部の既刊本しか掲載してありません。折り込みの出版案内もご参考にご覧ください。